RICHARD BACH es escritor y aviador. Ex piloto de guerra de la Fuerza Aérea de los Estados Unidos, continúa volando en aviones de su propiedad y participa asiduamente en torneos de vuelo acrobático. Escribe artículos y cuentos para las revistas de aviación, y es autor de una decena de libros, que han sido traducidos a numerosos idiomas. De su libro más célebre, *Juan Salvador Gaviota*, se han vendido más de 30 millones de ejemplares en todo el mundo.

Títulos publicados

Juan Salvador Gaviota
Ajeno a la Tierra
Biplano
Nada es azar
El don de volar
Ilusiones
El puente hacia el infinito
Uno
Al otro lado del tiempo
Alas para vivir
Vuela conmigo
Gracias a tus malos padres
Viajes con Puff

Título original: *Illusions. The Adventures of a Reluctant Messiah*

Primera edición: agosto de 2019

© 1977, Richard Bach
Esta traducción está publicada por acuerdo con Delacorte Press,
un sello de Random House, una división de Penguin Random House LLC.
© 1994, 2007, Penguin Random House Grupo Editorial, S. A. U.
Travessera de Gràcia, 47-49. 08021 Barcelona
© 2019, de la presente edición en castellano:
Penguin Random House Grupo Editorial USA, LLC.
8950 SW 74th Court, Suite 2010
Miami, FL 33156
© Eduardo Goligorsky, por la traducción
Design copyright © by Joan Stoliar

ISBN: 978-1-644730-60-7

Impreso en Estados Unidos – *Printed in USA*

Penguin
Random House
Grupo Editorial

Ilusiones

RICHARD BACH

Traducción de Eduardo Goligorsky

Fue una pregunta que escuché en más de una ocasión después de la aparición de *Juan Salvador Gaviota*. «¿Qué escribirás ahora, Richard? Después de *Gaviota*, ¿qué?»

Entonces contestaba que no tenía que escribir nada nuevo, ni una palabra, y que la suma de mis libros decía todo lo que me había propuesto hacerles decir. Cuando has pasado hambre durante algún tiempo, te han embargado el coche y te han sucedido cosas por el estilo, te sientes extraño al no tener que trabajar hasta medianoche.

Con todo, casi ningún verano olvidé a mi antiguo biplano. En él salía a sobrevolar los verdes océanos de nuestras praderas del Medio Oeste norteamericano. Cobraba tres dólares por pasajero y empecé a sentir que crecía la antigua tensión: aún quería decir algo; algo que no había dicho.

Escribir no me produce ningún placer. Si pudiera volverle la espalda a la idea agazapada en la oscuridad, si pudiera abstenerme de abrirle la puerta para dejarla entrar, ni siquiera tomaría la pluma.

Pero alguna que otra vez se produce una gran explosión: cristales, ladrillos y astillas atraviesan violentamente la fachada, y un personaje se yergue sobre los escombros, me agarra por el cuello y me dice dulcemente: «No te soltaré hasta que me pongas en palabras, sobre el papel.»

Así me encontré con *Ilusiones*.

Incluso ahí, en el Medio Oeste, me recostaba boca arriba, vaporizando nubes, y no conseguía sacarme la historia de la cabeza... ¿Qué sucedería si apareciera un auténtico experto, capaz de explicarme cómo funciona mi universo y cuál es el sistema para dominarlo? ¿Qué sucedería si encontrara a un superdotado..., si visitara nuestro tiempo un Siddartha o un Jesús, con poder sobre las ilusiones del mundo merced a su conocimiento de la realidad que se oculta detrás de ellas? ¿Y qué sucedería si le encontrara en persona, si pilotara un biplano y aterrizara en el mismo prado donde lo hago yo? ¿Qué diría ese individuo, y cómo sería?

Quizá no se parecería al Mesías de las páginas pringosas de mi diario, y tal vez no diría nada de lo que este libro dice. Pero si fuera cierto lo que me dijo él —por ejemplo, que materializamos magnéticamente en nuestras vidas todo aquello que albergamos en nuestro pensamiento—, estaría justificado, de alguna manera, el que yo haya llegado a este trance. Y lo mismo vale para ti. Quizá no tengas este libro en las manos por pura coincidencia; quizás hayas venido aquí para recordar algún elemento de estas aventuras.

He optado por pensar así. Y he optado por pensar que mi Mesías está posado allí, en otra dimensión, y que no es en absoluto ficticio: nos vigila, y ríe porque encuentra divertido que las cosas sucedan tal como las hemos planeado.

1. Vino al mundo un Maestro, nacido en la tierra santa de Indiana, criado en las colinas místicas situadas al este de Fort Wayne.

2. El Maestro aprendió lo que concernía a este mundo en las escuelas públicas de Indiana y luego, cuando creció, en su oficio de mecánico de automóviles.

3. Pero el Maestro traía consigo los conocimientos de otras tierras y

otras escuelas, de otras vidas que
había vivido. Las recordaba, y
puesto que las recordaba adquirió
sabiduría y fuerza, y la gente
descubrió su fortaleza y acudió
a él en busca de consejo.

4. El Maestro creía que disfrutaba
de la facultad de ayudarse a sí mismo
y de ayudar a toda la Humanidad,
y puesto que lo creía, así fue, de modo
que otros vieron su poder y acudieron
a él para que los curase de sus
tribulaciones y sus muchas enfermedades.

5. El Maestro creía que era bueno que
todo hombre se viera a sí mismo
como hijo de Dios, y puesto que lo creía,
así fue, y los talleres y los garajes
donde trabajaba se poblaron y atestaron
con quienes buscaban su sabiduría y

el contacto de su mano, y las calles
circundantes con quienes sólo
anhelaban que su sombra pasajera
se proyectare sobre ellos y
cambiare sus vidas.

6. Sucedió, en razón de las multitudes,
que varios capataces y jefes de
talleres le ordenaron al Maestro
que dejara sus herramientas y
siguiera su camino, porque
la aglomeración era tal que ni él
ni los otros mecánicos tenían espacio
para trabajar en la reparación
de los automóviles.

7. Se internó, pues, en la campiña,
y sus seguidores comenzaron a
llamarlo Mesías y hacedor de
milagros; y puesto que lo creían,
así fue.

8. Si estallaba una tormenta mientras él hablaba, ni una sola gota de lluvia tocaba las cabezas de sus oyentes, y quienes estaban en el fondo oían sus palabras con tanta nitidez como los primeros, aunque en el cielo retumbaran los truenos. Y siempre les hablaba en parábolas.

9. Y les dijo: "En cada uno de nosotros reside el poder de prestar consentimiento a la salud y a la enfermedad, a las riquezas y a la pobreza, a la libertad y a la esclavitud. Somos nosotros quienes las dominamos, y no otro."

10. Un obrero habló y dijo: "Es fácil para ti, Maestro, porque a ti te guían y a nosotros no, y no necesitas trabajar como nosotros.

En este mundo el hombre debe
trabajar para ganarse la vida."

11. El Maestro respondió diciendo:
"Una vez vivía un pueblo en el lecho
de un río cristalino.

12. "La corriente del río se deslizaba
silenciosamente sobre todos sus
habitantes: jóvenes y ancianos,
ricos y pobres, buenos y malos,
y la corriente seguía su camino,
ajena a todo lo que no fuera
su propia esencia de cristal.

13. "Cada criatura se aferraba como
podía a las ramitas y rocas del
lecho del río, porque su modo de
vida consistía en aferrarse y
porque desde la cuna todos habían
aprendido a resistir la corriente.

14. "Pero al fin una criatura dijo:
'Estoy harta de asirme. Aunque
no lo veo con mis ojos, confío en que
la corriente sepa hacia dónde va.
Me soltaré y dejaré que me lleve
adonde quiera. Si continúo
inmovilizada, me moriré de hastío.'

15. "Las otras criaturas rieron
y exclamaron: ¡Necia! ¡Suéltate,
y la corriente que veneras te
arrojará, revolcada y hecha pedazos
contra las rocas, y morirás más
rápidamente que de hastío!'

16. "Pero la que había hablado en
primer término no les hizo caso,
y después de inhalar profundamente
se soltó. Inmediatamente, la
corriente la revolcó y la lanzó
contra las rocas.

17. "Mas la criatura se empecinó en no volver a aferrarse, y entonces la corriente la alzó del fondo y ella no volvió a magullarse ni a lastimarse.

18. "Y las criaturas que se hallaban aguas abajo, que no la conocían, clamaron: '¡Ved un milagro!; Es una criatura como nosotras, y sin embargo vuela!; ¡Ved al Mesías, que ha venido a salvarnos a todas!'

19. "Y la que había sido arrestada por la corriente respondió: 'No soy más mesías que vosotros. El río se complace en alzarnos, con la condición de que nos atrevamos a soltarnos. ¡Nuestra verdadera tarea es este viaje, esta aventura!'"

20. "Pero seguían gritándole, aún más alto: ¡Salvador!" sin dejar de aferrarse a las rocas. Y cuando volvieron a levantar la vista, había desaparecido y se quedaron solas, tejiendo leyendas acerca de un Salvador."

21. Y sucedió que cuando vio que la multitud crecía día a día, más hacinada y apretada y enfervorizada que nunca, y cuando vio que los hombres le urgían para que los curara, para que los alimentara con sus milagros, para que aprendiera por ellos y viviera sus vidas, se sintió afligido, y ese día subió solo a la cima de un monte solitario y allí oró.

22. Y dijo en el fondo de su alma: "Será un Portento Infinito, si ese es tu voluntad, que apartes de mí este

cáliz, que me ahorres esta tarea imposible. No puedo vivir las vidas de los demás, y sin embargo diez mil personas me lo suplican. Lamento haber permitido que sucediera todo esto. Si ésa es tu voluntad, autorízame a volver a mis herramientas y a mis motores, y a vivir como los otros hombres."

23. Y una voz habló desde las alturas, una voz que no era masculina ni femenina, ni poderosa ni suave, sino infinitamente bondadosa. Y la voz le dijo: "No se hará mi voluntad sino la tuya. Porque lo que tú deseas es lo que yo deseo de ti. Sigue tu camino como los otros hombres, y que seas feliz en la tierra."

24. Al escucharla, el Maestro se regocijó, dio las gracias y bajó de la cima del monte canturreando una cancioncilla

popular entre los mecánicos. Y cuando la multitud le urgió con sus demandas y le imploró que la curara y aprendiese por ella y la alimentara sin cesar con su sabiduría y la entretuviera con sus milagros, él sonrió y dijo, apaciblemente: "Renuncio."

25. Por un momento, la muchedumbre quedó muda de asombro.

26. Y él continuó: "Si un hombre le dijera a Dios que su mayor deseo consistía en ayudar al mundo atormentado, y a cualquier precio, y Dios le contestara y explicara lo que debía hacer, ¿tendría el hombre que obedecer?"

27. "¡Claro, Maestro!" exclamó la multitud. "Si Dios se lo pide, deberá soportar complacido incluso las torturas del infierno."

28. "¿Cualesquiera que sean esas torturas y por arduo que sea la tarea?", preguntó el Maestro.

29. "Deberá enorgullecerse de ser ahorcado, deleitarse de ser clavado a un árbol y quemado, si eso es lo que Dios le ha pedido", contestó la muchedumbre.

30. "¿Y qué haríais", preguntó el Maestro, "si Dios os hablara mirándoos directamente a la cara y os dijera 'OS ORDENO QUE SEÁIS FELICES EN EL MUNDO, MIENTRAS VIVÁIS'? ¿Qué haríais entonces?"

31. Y la multitud permaneció callada. Y no se oyó una voz, ni un ruido, entre las colinas ni en los valles donde estaba congregada.

32. Y el Maestro dijo, dirigiéndose al silencio: "En el sendero de nuestra felicidad encontraremos la sabiduría para la que hemos elegido vivir esta vida. Esto es lo que he aprendido hoy, y opto por dejaros ahora para que recorráis vuestro propio camino como deseéis."

33. Y marchó entre las multitudes y las dejó, y retornó al mundo cotidiano de los hombres y de las máquinas.

2

Conocí a Donald Shimoda a mediados del verano. En los cuatro años que llevaba volando no había encontrado a ningún otro piloto que hiciera lo que yo: dejarse llevar por el viento de un pueblo a otro, ofreciendo paseos en un viejo biplano a tres dólares por diez minutos de vuelo.

Pero un día, un poco al norte de Ferris, en Illinois, miré abajo desde la carlinga de mi Fleet y vi un viejo Travel Air 4000, dorado y blanco, bellamente posado sobre el heno esmeralda-limón.

La mía es una vida libre, pero a veces me siento solo. Vi el biplano allí, lo pensé unos instantes y resolví que nada perdía con bajar. Reduje gases, incliné el timón de dirección, y el Fleet y yo iniciamos un descenso lateral. Volvieron los ruidos familiares: el del viento en los cables de las alas y ese apacible y lento *poc-poc* del viejo motor que hace girar perezosamente la hélice. Me subí las lentes para vigilar mejor el aterrizaje. Los tallos de maíz ondulaban abajo, muy cerca, como una jungla de follaje verde; tuve el vislumbre de una empalizada y luego se extendió el heno recién cortado hasta donde alcanzaba la vista. Enderecé la palanca de mando y el timón de dirección: una grácil vuelta alrededor del campo, el roce del heno contra los neumáticos y después el familiar y sereno chasquido crepitante del terreno duro debajo de las ruedas. Despacio, despacio; luego, una rápida descarga de estrépito y potencia para rodar hasta el otro avión y detenerse a su lado. Reducir gases, oprimir el interruptor, y el suave *clac-clac* de la hélice, cada vez más lento, en medio del silencio implacable de julio.

El piloto del Travel Air estaba sentado en el heno, con la espalda reclinada contra la rueda izquierda de su avión, y me miraba apaciblemente.

También yo lo miré, durante medio minuto, escudriñando el misterio de su aplomo. Yo no habría tenido la sangre fría precisa para quedarme tranquilamente sentado, observando cómo otro avión se posaba en el mismo campo y se detenía a diez metros del mío. Lo saludé con una inclinación de cabeza. Sin saber por qué, lo encontré simpático.

—Me pareció que estabas solo —dije, a través de la distancia que nos separaba.

—Tú también lo parecías.

—No quise molestarte. Si estoy de más, me voy.

—No. Te esperaba.

Sonreí al oírle.

—Perdona que te haya hecho esperar.

—No importa.

Me quité el casco y las lentes, salí de la carlinga y bajé al suelo. Pisar la tierra produce una sensación agradable cuando se han pasado un par de horas en el Fleet.

—Espero que no te importe el jamón y queso —dijo—. Jamón y queso y tal vez una hormiga.

No hubo ni un apretón de manos ni presentación de ninguna naturaleza.

No era corpulento. El pelo hasta los hombros, más negro que el caucho del neumático contra el que se apoyaba. Ojos oscuros como los de un halcón, de esos que me gustan en un amigo y que, sin embargo, me incomodan mucho en cualquier otro. No sé por qué pensé en él como en un maestro de karate dispuesto a hacer una demostración discretamente violenta.

Acepté el bocadillo y el agua que me ofrecía en la tapa de un termo.

—Pero ¿quién eres? —pregunté—. Hace años que voy así y nunca he visto a otro acróbata del aire en los campos.

—No sirvo para muchas otras cosas —respondió, bastante complacido—. Trabajitos mecánicos, soldaduras, forcejear un poco, desguazar tractores. Cuando me quedo mucho tiempo en un mismo lugar, tengo problemas. De modo que preparé el avión y ahora me dedico a la acrobacia aérea.

—¿Qué modelos de tractores?

—Los D-8, los D-9. Fue por poco tiempo, en Ohio.

—¡El D-9! ¡Tan grande como una casa! Con una primera de doble tracción. ¿Es cierto que puede derribar una montaña?

—Hay mejores sistemas para mover montañas —contestó, con una sonrisa que tal vez duró una décima de segundo.

Estuve un minuto largo recostado contra el ala inferior de su avión, estudiándolo. Una ilusión óptica... Era difícil mirarle de cerca. Era como si hubiera un halo luminoso alrededor de su cabeza, que diluyera el fondo hasta reducirlo a un tono plateado, tenue y nebuloso.

—¿Te ocurre algo? —inquirió.

—¿Qué clase de problemas tuviste?

—Bah, nada importante. Se trata sencillamente de que en estos tiempos me gusta ir de un lado a otro. Como a ti.

Di la vuelta a su avión, con el bocadillo en la mano. Era un modelo 1928 o 1929, y no tenía ni un raspón. Las fábricas no producen aviones tan impecables como el suyo, ahí posado sobre el heno. Por lo menos veinte capas de butirato aplicado a mano; la pintura estaba estirada como un espejo sobre las costillas de madera. Debajo del borde de la carlinga leí la palabra *Don*, escrita en letras góticas doradas, y la matrícula adherida al portamapas decía: *D. W. Shimoda*. Los instrumentos acababan de salir del embalaje: eran los originales, de 1928. Palanca de mando y barra del timón de dirección fabricadas con doble barnizado; palanca de gases, mando de mezcla y avance de encendido a la izquierda. Ya no se encuentran avances de encendido ni siquiera en las antigüedades mejor restauradas. Ni un raspón, ni un remiendo en el fuselaje, ni una salpicadura de aceite. Ni siquiera una brizna de paja sobre el suelo de la carlinga, como si el biplano no hubiera volado nunca y se hubiera materializado allí mismo después de atravesar medio siglo por un túnel del tiempo. Sentí un extraño escalofrío en la nuca.

—¿Cuánto hace que llevas pasajeros? —le pregunté.

—Hace aproximadamente un mes; ahora cinco semanas.

Mentía. Cinco semanas por los campos y, seas quien fueres, tendrás mugre y aceite en el avión y habrá una brizna de paja en el suelo de la carlinga, por mucho que te esmeres para evitarlo. Pero aquel artefacto... Ni aceite sobre el parabrisas, ni manchas de heno volador aplastado contra los fuertes de ataque de las alas y los alerones de cola, ni insectos estrellados contra la hélice. Un avión que atraviesa la atmósfera estival de Illinois no puede estar en semejantes condiciones. Examiné el Travel Air durante otros cinco minutos. Después volví al punto de partida y me senté sobre el heno, debajo del ala, de cara al piloto. No tenía miedo. El fulano seguía resultándome simpático, pero había algo que no encajaba.

—¿Por qué no me dices la verdad?

—Te la he dicho, Richard —respondió—. Además, puedes ver el nombre pintado en el avión.

—Nadie puede estar llevando pasajeros en un Travel Air durante un mes sin que el avión se le manche de aceite, amigo mío, y de polvo. Sin que tenga que aplicar un remiendo al fuselaje. Y ¡por amor de Dios!, sin que se le llene el suelo de paja.

Sonrió plácidamente.

—Hay cosas que ignoras.

En ese momento era un ser extraño procedente de otro planeta. Le creí, pero no encontré la forma de explicar la presencia de su avión, refulgente, posado en el campo estival.

—Es cierto, pero algún día lo sabré todo. Y entonces te regalaré mi avión, Donald, porque ya no lo necesitaré para volar.

Me miró con interés y arqueó las cejas negras.

—¿De veras? Cuéntamelo.

Estaba exultante. ¡Al fin! Alguien dispuesto a escuchar mi teoría.

—Supongo que durante mucho tiempo la gente no pudo volar porque no lo creía posible; por eso no aprendía los principios elementales de la aerodinámica. Yo quiero creer que en alguna parte existe otro principio: no necesitamos aviones para volar; ni para atravesar paredes, ni para llegar a los planetas. Podemos aprender a hacerlo sin la ayuda de ningún tipo de máquinas. Si lo deseamos.

Esbozó una sonrisa a medias, seriamente, y asintió con una sola inclinación de cabeza.

—Y piensas que aprenderás lo que deseas recogiendo pasajeros en los campos, a tres dólares por cabeza.

—El único aprendizaje digno de ese nombre es el que yo consiga por mi cuenta. Si en el mundo hubiera alguien, que no lo hay, capaz de enseñarme más que mi avión, y que el cielo, acerca de lo que deseo saber, correría ahora mismo a buscarlo. O a buscarla.

Los ojos oscuros me escrutaron fijamente.

—¿Y no crees que si realmente quieres aprender esto, es que alguien te está guiando?

—Me está guiando, claro. ¿Acaso no nos guían a todos? Siempre he sentido que algo me vigila, como quien dice.

—Y piensas que te conducirán hasta el maestro que podrá ayudarte.

—Si el maestro no resulto ser yo, sí.

—A lo mejor es así como sucede —dijo.

Una flamante camioneta avanzó silenciosamente por el camino en dirección a nosotros, levantando una tenue polvareda parda, y se detuvo junto al campo. Se abrió la puerta y bajaron de ella un anciano y una niña de unos diez años. La atmósfera estaba tan tranquila que el polvo continuó flotando.

—Llevan pasajeros, ¿verdad? —preguntó el hombre.

Era Donald Shimoda el que había descubierto el lugar, de modo que permanecí callado.

—Sí, señor —respondió fogosamente—. ¿Anda hoy con ganas de volar?

—Si subo, ¿hará algunas acrobacias, rizará el rizo conmigo allá arriba?

Los ojos del hombre titilaron. Quería saber si lo reconocíamos, a pesar de su jerga de palurdo.

—Si lo desea, lo haré. Si no, no.

—Y supongo que me cobrará una fortuna.

—Tres dólares en metálico, señor, por diez minutos de vuelo. O sea, treinta céntimos por minuto. Y lo vale, según me dice la mayoría de la gente.

Tuve la extraña sensación de sentirme un poco espectador mientras permanecía allí sentado, ocioso, escuchando el modo en que el individuo promocionaba su mercancía. Me gustó lo que dijo, siempre en un tono muy medido. Me había acostumbrado tanto al sistema que yo empleaba para reclutar mis clientes (*«¡Os garantizo que arriba la temperatura es diez grados más baja, amigos! ¡Venid a donde sólo vuelan los pájaros y los ángeles! Todo por sólo tres dólares, apenas doce monedas de veinticinco centavos...»*), que había olvidado que podía haber otro.

Volar y tener que vender el viaje además, entrañaba una cierta tensión. Estaba acostumbrado a ella, pero no por eso dejaba de existir: si no consigo pasajeros, no como. Como en aquel momento podía quedarme sentado, sin que mi almuerzo dependiera del desenlace, aproveché la oportunidad para relajarme y mirar.

La niña también se mantenía apartada, observando. Rubia, de ojos castaños y expresión solemne, estaba allí porque su abuelo estaba. No quería volar.

En la mayoría de los casos se produce la situación inversa: niños ávidos y adultos cautelosos. Pero cuando uno se gana la vida con ese trabajo también adquiere un sexto sentido, y comprendí que la niña no volaría con nosotros en todo el verano.

—¿Cuál de ustedes, caballeros...? —preguntó el hombre.

Shimoda se sirvió una taza de agua.

—Richard lo llevará. Yo estoy comiendo. A menos que prefiera esperar.

—No, señor. Estoy listo para partir. ¿Podremos volar sobre mi granja?

—Desde luego —asentí—. Bastará que señale en qué dirección desea ir, señor.

Saqué las mantas, la caja de herramientas y las cacerolas de la carlinga delantera del Fleet, lo ayudé a instalarse en el asiento para pasajeros y le puse el cinturón de seguridad. Después me deslicé en la carlinga posterior y ajusté mi propio cinturón.

—¿Me echas una mano, Don?

—Sí. —Se colocó junto a la hélice, sin soltar la taza con agua—. ¿Qué quieres?

—Hazlo despacio. El impulso te la sacará de la mano.

Siempre que alguien acciona la hélice del Fleet, tira con demasiada fuerza y por complejas razones el motor no arranca. Pero aquel hombre la hizo girar muy lentamente, como si la conociera de toda la vida. El muelle de arranque chasqueó, las chispas saltaron en los cilindros y el viejo motor se puso en marcha, con la mayor espontaneidad. Don volvió a su avión, se sentó y entabló conversación con la niña.

El Fleet levantó vuelo en medio de una fuerte descarga de potencia y de pajas arremolinadas. Subió treinta metros (si el motor se detiene ahora, nos asentaremos sobre el maíz), ciento cincuenta metros (ya podemos volver y posarnos sobre el heno..., al oeste tenemos ya la dehesa), trescientos metros y luego nos enderezamos en medio del viento, siguiendo el rumbo que marcaba el dedo del hombre, hacia el sudoeste.

Tres minutos de vuelo y describimos un círculo sobre una granja con establos del color de carbones incandescentes y una casa marfileña en medio de un océano de menta. En el fondo, un huerto con maíz tierno, lechuga y tomates. El ocupante de la carlinga delantera miró hacia abajo mientras sobrevolábamos la finca, enmarcada entre las alas y los cables del Fleet.

En la galería apareció una mujer, con un delantal blanco sobre el vestido azul, saludando con la mano. El hombre contestó el saludo. Más tarde comentarían la nitidez con que se habían visto a través del cielo.

Finalmente me miró e hizo una inclinación de cabeza. Ya era suficiente, gracias, y que podíamos regresar.

Describí un vasto círculo alrededor de Ferris, para que la gente se enterara de que había una función de vuelo, y después tracé una espiral sobre el campo de heno para enseñar dónde estaba, exactamente, el escenario. En el momento en que planeaba para aterrizar, sesgándome sobre el maizal, el Travel Air despegó y se dirigió inmediatamente hacia la granja que nosotros acabábamos de dejar atrás.

Yo formé parte, hace tiempo, de una escuadrilla de cinco acróbatas del aire, y por un momento tuve la misma sensación de actividad febril... Un avión que remontaba el vuelo al tiempo que otro aterrizaba. Tocamos tierra con un plácido impacto ronroneante y rodamos hasta el otro extremo del campo, junto al camino.

El motor se detuvo, el hombre se desabrochó el cinturón de seguridad y le ayudé a bajar. Sacó la cartera del interior del mono y contó los billetes de dólar, mientras movía la cabeza.

—Ha sido un paseo estupendo, hijo.

—Eso pensamos. Vendemos un buen producto.

—¡El que vende es su amigo!

—¿Cómo dice?

—Lo que he dicho. Su amigo sería capaz de venderle tridentes al diablo, sí señor. ¿No piensa lo mismo?

—¿Por qué lo dice?

—Por la niña, claro. ¡Mi nieta Sarah volando!

Mientras decía esto miraba al Travel Air que, como una lejana mancha de plata en el aire, sobrevolaba la granja. Hablaba con la serenidad con que lo habría hecho si hubiera notado que en la rama seca del huerto acababan de brotar flores y manzanas maduras.

—Desde que nació, esa criatura huye despavorida de los lugares altos. Grita, se espanta. Es tan difícil que Sarah trepe a un árbol como que sacuda un avispero con la mano desnuda. Ni siquiera se atreve a subir la escalera del desván, y no lo haría aunque el Diluvio estuviera inundando el patio. Es un prodigio con las máquinas, no les tiene miedo a los animales... ¡pero tiene fobia a las alturas! Y ahí está, volando.

Me habló de eso y de otros tiempos singulares. Recordaba la época en que los acróbatas del aire pasaban por Galesburg, hacía muchos años, y por Monmouth, pilotando biplanos iguales a los nuestros pero realizando con ellos toda clase de locas piruetas.

Observé cómo el lejano Travel Air aumentaba de tamaño, picaba sobre el campo en un ángulo mucho más empinado que el que yo habría intentado con una niña que tenía miedo a las alturas, sobrevolaba el maíz y la cerca y se posaba en un aterrizaje en tres etapas realmente espectacular. Donald Shimoda debía de tener mucha experiencia como piloto para tomar tierra así con un Travel Air.

El avión fue a detenerse junto a nosotros, sin consumir más combustible, y la hélice traqueteó apaciblemente hasta inmovilizarse. La observé con atención. No había insectos aplastados contra su superficie. Ni una sola mosca estrellada contra la gran pala de dos metros cuarenta.

Me levanté de un salto para ayudarles, desabroché el cinturón de seguridad de la niña, abrí la portezuela de la carlinga delantera para que saliese y le mostré dónde debía pisar para que su pie no atravesara la tela del ala.

—¿Te ha gustado? —pregunté.

No me prestó atención.

—¡Abuelo, no tengo miedo! ¡No me he asustado! ¡La casa parecía un juguete y mamá hacía señales con la mano y Don dijo que yo tenía miedo porque una vez me había caído y muerto, pero que ya no debo temer! Seré piloto, abuelo. ¡Tendré mi propio avión y yo misma me ocuparé del motor y volaré a todas partes y llevaré pasajeros! ¿Podré hacerlo?

Shimoda sonrió al viejo y se encogió de hombros.

—Él te ha dicho que serías piloto, ¿verdad, Sarah?

—No, pero lo soy. Ya me las arreglo con los motores. ¡Tú lo sabes!

—Bueno, eso lo hablarás con tu madre. Es hora de volver a casa.

Los dos nos dieron las gracias y se dirigieron hacia la camioneta —él andando y la niña corriendo—, transformados ambos por lo que había sucedido en el campo y en el cielo.

Llegaron dos coches, y luego un tercero, y a mediodía se agolpó la gente que quería ver Ferris desde el aire. Realizamos doce o trece vuelos tan rápidamente como pudimos, y a continuación fui a la estación de servicio del pueblo, a buscar gasolina para el Fleet. Después tuvimos algunos pasajeros, y luego unos cuantos más; cayó la tarde y seguimos volando hasta la puesta de sol.

En alguna parte, un cartel decía *200 habitantes*, y cuando oscureció tuve la impresión de que a todos, incluso a algunos forasteros, los habíamos paseado por el aire.

Con el ajetreo de los vuelos olvidé preguntarle a Don qué había sucedido con Sarah, y qué le había dicho él: si había inventado la historia de la muerte anterior de la niña, o si pensaba que era cierta. En alguno de los aterrizajes estudié detenidamente su avión mientras los pasajeros cambiaban de asiento. No tenía ni una marca, ni una gota de aceite en ninguna parte. Aparentemente, volaba esquivando esos mismos insectos que yo tenía que limpiar de mi parabrisas cada una o dos horas.

Cuando pusimos punto final a la jornada, apenas quedaba un ligero resplandor en el cielo. Y cuando terminé de acomodar los tallos de maíz secos en mi cocina portátil de hojalata, y los cubrí con trozos de carbón y encendí el fuego, la oscuridad era total y las llamas arrancaban reflejos de colores de los aviones posados cerca de nosotros y de la paja dorada que nos rodeaba.

Eché una mirada al interior de la caja de provisiones.

—Las opciones son: sopa, cocido o espaguetis —dije—. Pera o melocotón. ¿Quieres melocotón en almíbar?

—Es lo mismo —respondió afablemente—. Cualquier cosa o nada.

—Hombre, ¿no tienes apetito? ¡Ha sido una jornada de mucho movimiento!

—No me has dado muchas razones para tener apetito, a menos que el cocido sea bueno.

Abrí la lata de cocido con mi Cuchillo de Salvamento de Oficial de Swiss Air, hice lo mismo con la de espaguetis, y puse ambos recipientes en el fuego.

Tenía los bolsillos repletos de dinero: para mí, era una de las horas más placenteras del día. Saqué los billetes y los conté sin preocuparme demasiado por estirarlos. Sumaban ciento cuarenta y siete dólares, y enseguida realicé un cálculo mental, operación ésta que no me resultaba fácil.

—Esto supone... supone... vamos a ver... cuatro me llevo dos... ¡cuarenta y nueve vuelos en una jornada! He pasado la barrera de los cien dólares por día, Don... ¡el Fleet y yo solos! Tú debes de haber sacado fácilmente doscientos... ¿Llevas muy a menudo dos pasajeros por vuelo?

—Sí, a menudo —asintió. Y agregó—: Respecto de ese maestro que andas buscando...

—No busco ningún maestro —respondí—. ¡Lo que hago es contar dinero! Con esto puedo vivir una semana. ¡No me importa que la lluvia me tenga parado una semana íntegra!

Me miró y sonrió.

—Cuando termines de nadar en dinero —dijo—, ¿tendrías la amabilidad de pasarme mi cocido?

3

Tropeles y hervideros y multitudes de gente, torrentes de seres humanos precipitándose hacia un hombre colocado en el centro del torbellino. Después, la muchedumbre se convirtió en un océano capaz de ahogarle, pero él, en lugar de ahogarse, marchó sobre las aguas, silbando, y desapareció. El océano de agua se trocó en otro de hierba. Un Travel Air 4000 blanco y dorado bajó para posarse sobre la hierba. El piloto salió de la carlinga y desplegó un cartel de tela con la inscripción: VUELE - 3 DÓLARES - VUELE.

Eran las tres de la mañana cuando me desperté.

Se interrumpió el sueño y lo recordé todo y por alguna razón me sentí feliz. Abrí los ojos y la luz de la luna me mostró el enorme Travel Air posado junto al Fleet. Shimoda estaba sentado sobre sus mantas enrolladas, en la misma posición en que lo vi la primera vez, con la espalda apoyada contra la rueda izquierda de su avión. No es que lo viera claramente. Pero notaba que estaba allí...

—Hola, Richard —dijo parsimoniosamente en la oscuridad—. ¿Te ha explicado eso lo que está ocurriendo?

—¿Qué es lo que me tiene que explicar algo? —pregunté, aturdido. Aún estaba recordando y no atiné a sorprenderme por el hecho de encontrarlo despierto.

—Tu sueño. El hombre y las multitudes y el avión —explicó pacientemente—. Yo avivé tu curiosidad, y ahora lo sabes, ¿no? Los periódicos se ocuparon de mí: Donald Shimoda, a quien empezaban a llamar el Mesías Mecánico, el Avatar Norteamericano, el mismo que desapareció un día delante de veinticinco mil atónitos testigos oculares.

Lo recordé. Había leído la noticia en un anaquel de periódicos de una aldea de Ohio, porque figuraba en primera plana.

—¿Donald Shimoda?

—A tu servicio —respondió—. Ahora ya lo sabes, de modo que no tendrás que devanarte los sesos preguntándote quién soy. Sigue durmiendo.

Pensé largamente en eso, antes de volver a conciliar el sueño.

—¿Puedes hacerlo...? Yo no creía... Cuando te endilgan una tarea como ésa, la de Mesías, se supone que debes salvar el mundo, ¿no es así? No sabía que el Mesías podía devolver sencillamente las llaves, como has hecho tú, y renunciar.

Estaba sentado sobre el carenaje del Fleet y estudiaba a mi extraño amigo.

—¿Quieres hacer el favor de pasarme una llave de dos bocas, Don?

Hurgó en la bolsa de herramientas y me la arrojó. Tal como había sucedido esa mañana con las otras herramientas, la que acababa de lanzarme perdió velocidad y se detuvo a treinta centímetros de mí, flotando como si no la afectara la gravitación, después de hacer un perezoso giro en el aire. Sin embargo, apenas la toqué, sentí su peso en la mano y volvió a ser una vulgar llave de aviación de cromo vanadio. Bueno, no tan vulgar. Una vez se me rompió en la mano una palanca barata y desde entonces he comprado siempre las mejores herramientas que había en plaza... y ésta era una Snap-On que, como sabe cualquier mecánico, no es una llave para usar todos los días. Por su precio, podría ser de oro, pero es un placer empuñarla y puedes estar seguro de que nunca se romperá, cualquiera que sea el trabajo para el que la emplees.

—¡Claro que puedes renunciar! Puedes renunciar a lo que quieras, si ya no tienes ganas de hacerlo. Puedes renunciar a respirar, si lo deseas. —Hizo flotar un destornillador Philips, sólo para entretenerse—. De modo que yo renuncié a mi condición de mesías, y si te parece que me pongo un poco a la defensiva, tal vez sea porque éste es todavía mi estado de ánimo. Es mejor que conservar el trabajo y aborrecerlo. Un buen mesías no aborrece nada y disfruta de libertad para recorrer todos los caminos que se le antojen. Bueno, esto vale para todos, por supuesto. Todos somos hijos de Dios, o hijos de lo que Es, o ideas de la Mente, o como tú quieras llamarlo.

Ajusté las tuercas de la base de cilindros del motor Kinner. El viejo B-5 es una buena fuente de energía, pero estas tuercas tienden a aflojarse cada cien horas de vuelo y es prudente adelantarse a los problemas. Menos mal: la primera tuerca que apreté con la llave dio un cuarto de vuelta, y me felicité por haber tenido la sensatez de verificarlas en su totalidad esa mañana, antes de cargar otros pasajeros.

—Bien, sí, Don, pero yo pensaba que el oficio de mesías era distinto de los otros, ¿sabes? ¿Acaso Jesús volvería a clavar clavos para ganarse la vida? Tal vez sea simplemente que suena un poco raro.

Reflexionó, tratando de interpretar mi idea.

—No entiendo lo que quieres decir. Lo raro es que no renunciara cuando empezaron a llamarle Salvador. En lugar de pensar en sí mismo al recibir esa mala noticia, intentó razonar: «Muy bien, soy el hijo de Dios, pero todos lo somos. Soy el salvador, ¡pero también lo sois vosotros! ¡Vosotros podéis ejecutar los prodigios que ejecuto yo! Eso lo entiende cualquiera que esté en su sano juicio.»

Hacía calor en el carenaje, pero no tenía la sensación de

estar trabajando. Cuanto más deseo hacer algo, tanto menos lo defino como un trabajo. Me complacía saber que lo que hacía era evitar que los cilindros pudieran desprenderse del motor.

—Dime si necesitas otra llave.

—No la necesito —respondí—. Y he progresado tanto, desde el punto de vista espiritual, que tus triquiñuelas me parecen simples juegos de salón de un alma moderadamente evolucionada. O tal vez de un aprendiz de hipnotizador.

—¡Hipnotizador! ¡Vaya, eres cada vez más amable! Pero más vale ser hipnotizador que mesías. ¡Qué trabajo más tedioso! ¿Por qué no me daría cuenta de que iba a ser así?

—Te diste cuenta —contesté sagazmente.

Él se limitó a reír.

—¿Has pensado alguna vez —continué—, que quizá después de todo no sea tan fácil renunciar, Don? ¿Que a lo mejor no consigues acomodarte sencillamente a la existencia de un ser humano normal?

Esta vez no rió.

—Tienes razón, sí —asintió, y se pasó los dedos entre el pelo negro—. Cuando me quedaba demasiado tiempo en un lugar, más de un día o dos, la gente se daba cuenta de que yo era un ser extraño. Rozas mi solapa y te curas de un cáncer, y antes de que transcurra una semana ahí estoy, nuevamente en medio de una multitud. Este avión me mantiene en movimiento y nadie sabe de dónde vengo ni a dónde iré a continuación, lo cual me cuadra muy bien.

—Tu vida va a ser más difícil de lo que piensas, Don.

—¿De veras?

—Sí, nuestra época va claramente de lo material a lo espiritual... y aunque la marcha es lenta, también es portentosa. No creo que el mundo te deje en paz.

—No es a mí a quien quieren, sino a mis milagros. Y puedo enseñarle a algún otro cómo se ejecutan: que sea él el Mesías. No le explicaré que se trata de un trabajo tedioso.

Además: «No hay ningún problema que, por su magnitud, sea ineludible.»

Salté al suelo y me dediqué a ajustar con mucho cuidado las tuercas del tercer y el cuarto cilindro. No todas estaban flojas, pero algunas sí.

—Creo que citas al perrito Snoopy, ¿no es verdad?

—Cito la verdad allí donde la encuentro, gracias.

—¡No puedes evadirte, Don! ¿Qué harás si empiezo a venerarte ahora mismo? ¿Qué harás si me canso de trabajar en el motor y empiezo a suplicarte que te ocupes de repararlo? Escucha, ¡te daré hasta el último centavo que gane desde ahora hasta que se ponga el sol si me enseñas a flotar en el aire! Si no lo haces, sabré que tengo el deber de empezar a adorarte, Santo Mensajero Enviado a Aliviar Mi Carga.

Se limitó a sonreírme. Aún no creo que entendiera que no podía evadirse. ¿Cómo podía saberlo yo y él no?

—¿Disfrutaste del espectáculo completo, como el que vemos en las películas filmadas en la India? Muchedumbres en las calles, miles de millones de manos que te tocan, flores e incienso, tarimas doradas con tapices plateados.

—No. Incluso antes de conseguir el trabajo preví que no podría soportar eso. De modo que escogí los Estados Unidos y sólo tuve las aglomeraciones.

Para él era doloroso recordar, y lamenté haber mencionado el tema.

Siguió hablando, sentado en el heno, atravesándome con la mirada como si yo fuera transparente.

—Quería decirles: Por amor de Dios, si tanto anheláis la libertad y la dicha, ¿cómo no os dais cuenta de que nada de eso está fuera de vosotros? ¡Decid que lo tenéis, y lo tendréis! ¡Comportaos como si fuera vuestro, y lo será! ¿Es que acaso es tan difícil, Richard? Pero la mayoría ni siquiera me escuchaban. Milagros... Así como la gente acude a las carreras de coches para presenciar los accidentes, así también acudía a mí para presenciar milagros. Al principio te defrauda, y al cabo de algún tiempo simplemente te aburre. No entiendo cómo pudieron soportarlo los otros mesías.

—Cuando lo planteas en esos términos, pierde un poco de su encanto —respondí. Ajusté la última tuerca y guardé las herramientas—. ¿Adónde iremos hoy?

Fuimos hasta mi carlinga y en lugar de fregar el parabrisas, Don hizo un pase con la mano y los insectos que estaban pegados cobraron vida y se alejaron volando. Su propio parabrisas nunca necesitaba una limpieza, claro está, y ahora sabía que su motor jamás necesitaría mantenimiento.

—No lo sé —respondió—. No sé a dónde vamos.

—¿Qué significa eso? Tú conoces el pasado y el futuro de todo. ¡Sabes exactamente a dónde vamos!

Suspiró.

—Sí. Pero procuro no pensar en ello.

Durante un rato, mientras me ocupaba de los cilindros me puse a pensar: Caray, bastará que me quede al lado de este hombre y no tendré problemas, no me ocurrirá nada malo y todo saldrá a las mil maravillas. Pero la forma en que lo dijo —«Procuro no pensar en ello»— me trajo a la memoria la suerte que habían corrido los otros mesías enviados a este mundo. El sentido común me ordenó enfilar hacia el sur inmediatamente después del despegue y alejarme de él todo lo que pudiera.

Pero, como dije, se siente uno muy solo cuando vuela sin compañía, como yo, y me sentía contento de haberlo conocido, de tener sencillamente un interlocutor que sabía distinguir un alerón de un estabilizador vertical.

Debería haber enfilado hacia el sur. Pero después del despegue me quedé con él y volamos rumbo al norte y el este, hacia ese futuro en el que Don procuraba no pensar.

4

¿Dónde has aprendido todas esas cosas, Don? Sabes tanto... O a lo mejor creo yo que lo sabes. No. Sabes mucho. ¿Es todo fruto de la experiencia? ¿No recibiste ningún adiestramiento formal para llegar a ser Maestro?

—Te dan un libro para que lo leas.

Colgué de los cables un pañuelo recién lavado y miré a Don.

—¿Un libro?

—El *Manual del Salvador*. Una especie de biblia para maestros. Por ahí tengo un ejemplar, si te interesa.

—¡Sí! ¿Dices que se trata de un libro corriente que te enseña...?

Hurgó un poco en el compartimiento de equipajes del Travel Air y sacó un volumen de pequeño formato, forrado con un material que parecía gamuza.

*M*anual del Mesías,
impreso en letra gótica antigua.
*Recordatorios para el Alma
Evolucionada.*

—¿Qué cuento es ese del *Manual del Salvador*? Aquí dice *Manual del Mesías*.

—Bueno, eso.

Empezó a recoger los cacharros dispersos alrededor de su avión, como si pensase que era hora de proseguir viaje.

Hojeé el libro, que consistía en una colección de máximas y párrafos breves.

*P*erspectiva:
Utilízala y Olvídala.
Si has abierto esta página,
olvidas que lo que sucede
a tu alrededor no es real.
Piensa en esto.

*R*ecuerda de dónde has venido,
a dónde vas, y por qué provocaste
el desbarajuste en el que te has metido,
para empezar.
Recuerda que tendrás una muerte horrible.
Todo depende del buen entrenamiento,
y la disfrutarás más si no pierdes de vista
todos estos detalles.

*S*in embargo, debes tomarla
con un poco de seriedad.
Las formas de vida menos avanzadas
no entienden generalmente que marches riendo
al patíbulo, y te menospreciarán
por loco.

—¿Has leído esto acerca de la pérdida de la perspectiva, Don?

—No.

—Dice que tendrás una muerte horrible.

—No es inevitable. Todo depende de las circunstancias y de la forma en que resuelvas apañarte.

—¿Tú tendrás una muerte horrible?

—Lo ignoro. ¿No te parece que sería un poco absurdo, ahora que he dejado el oficio? Bastará una discreta y modesta ascensión. Lo decidiré dentro de pocas semanas, cuando termine lo que he venido a hacer.

Le reproché que bromeaba, como acostumbraba a hacerlo alguna que otra vez, y no imaginé entonces que lo de «las pocas semanas» fuera en serio.

Volví a la lectura del libro y comprobé que se trataba realmente de los conocimientos que necesitaría un maestro.

Aprender
es descubrir
lo que ya sabes.
Actuar es demostrar que
lo sabes.

Enseñar es recordarles a los demás
que saben tanto como tú.
Sois todos aprendices,
ejecutores, maestros.

Tu única obligación
en cualquier período vital
consiste en ser fiel a ti mismo.
Ser fiel a otro ser o a otra cosa
no sólo es imposible,
sino que también es el
estigma del falso
mesías.

Los interrogantes más sencillos
son los más profundos.
¿Dónde has nacido?
¿Dónde está tu hogar?
¿Adónde vas?

¿Qué haces?

*P*lantéatelos
de tiempo en tiempo,
y observa cómo cambian
tus respuestas.

*E*nseña mejor
lo que más necesitas
aprender.

—Te veo muy callado, Richard —comentó Shimoda, como deseoso de entablar conversación.

—Sí —respondí, y continué leyendo. Si éste era un libro escrito exclusivamente para maestros, no quería soltarlo.

*V*ive de manera tal
que nunca te avergüences
si se divulga por todo el mundo
lo que haces o dices...
aunque lo que se divulgue
no sea cierto.

*T*us amigos
te conocerán mejor
en el primer minuto del encuentro
que tus relaciones ocasionales
en mil años.

*L*a mejor forma
de rehuir la responsabilidad
consiste en decir:
«Tengo responsabilidades.»

Noté algo extraño en el libro.

—Las páginas no están numeradas, Don.

—No —respondió—. Basta con abrirlo y encuentras lo que estés buscando.

—¡Un libro mágico!

—No. Puedes hacerlo con cualquier libro. Incluso con un periódico viejo, si lo lees con suficiente atención. ¿No has fijado nunca algún problema en tu mente y has abierto luego cualquier libro que tengas a mano para observar lo que te dice?

—No.

—Bien, inténtalo alguna vez.

Lo intenté. Cerré los ojos y me pregunté qué me sucedería si seguía junto a aquel extraño individuo. Era divertido estar con él, pero no podía librarme de la sensación de que, dentro de no mucho tiempo, le ocurriría algo nada regocijante, y no quería estar cerca cuando pasara. Pensando en eso, abrí el libro con los ojos cerrados; volví a abrirlos y leí.

*La criatura estudiosa
que llevas dentro,
el travieso ser espiritual
que encarna tu auténtica personalidad,
te guía por la vida.*

*No vuelvas la espalda
a los futuros posibles
antes de estar seguro de que no tienes
nada que aprender de ellos.*

*Siempre gozarás de libertad
para cambiar de idea
y elegir otro futuro,
u otro pasado.*

¿Elegir otro pasado? ¿Literal o figuradamente, o qué quería decir...?

—Creo que estoy un poco mareado, Don. No sé cómo podría asimilar estas lecciones.

—Con práctica. Un poco de teoría y mucha práctica —respondió—. Necesitarás aproximadamente una semana y media.

—Una semana y media.

—Sí. Convéncete de que conoces todas las respuestas, y las conocerás. Convéncete de que eres un maestro y lo serás.

—Nunca he dicho que quisiera ser un maestro.

—Es cierto —asintió—. No lo has dicho.

Pero conservé el manual, y no me pidió que se lo devolviera.

5

Los agricultores del Medio Oeste necesitan buenas tierras para prosperar. Los aviadores errabundos también. Deben mantenerse próximos a sus clientes. Deben encontrar campos situados a cien metros del pueblo, campos cubiertos de pasto, o de heno, o de avena, o de trigo segado hasta la altura de la hierba; despejados de vacas inclinadas a recortar la tela del fuselaje; próximos a una carretera; con un portón en la cerca para permitir el acceso de la gente; alineados de manera que el avión no tenga que rozar en ningún momento los tejados de las casas; suficientemente llanos para que el avión no se descalabre al rodar a 75 kilómetros por hora; lo bastante grandes para aterrizar y despegar sin peligro en los cálidos y apacibles días de verano; todo esto, contando con la autorización del propietario para volar por allí durante una jornada.

Pensé en ello mientras enfilábamos hacia el norte un sábado por la mañana, el Mesías y yo, viendo cómo los manchones verdes y dorados de la tierra desfilaban serenamente trescientos metros más abajo. El Travel Air de Donald Shimoda rugía junto a mí a la derecha, y su pintura espejeante reflejaba los rayos de sol en todas direcciones. Un estupendo avión, pensé, pero demasiado grande para hacer acrobacias con mal tiempo. Puede llevar dos pasajeros, pero también pesa el doble que un Fleet y, en consecuencia, necesita mucho más espacio para despegar y volver a posarse. Yo había tenido un Travel Air, pero finalmente lo cambié por el Fleet, que puede aterrizar en parcelas pequeñas, mucho más fáciles de encontrar en las cercanías de los pueblos. Con él podía maniobrar en un campo de 170 metros, en tanto que el Travel Air necesitaba 330 o 430 metros. Si te atas a este individuo, pensé, te atas a las limitaciones de su avión.

Y efectivamente, apenas lo pensé descubrí que estábamos rebasando una preciosa pradera aledaña a un pueblo. Una parcela de algo más de 300 metros dividida en dos. Una de las mitades había sido vendida sin duda al municipio y estaba ocupada por un campo de béisbol.

Como sabía que el avión de Shimoda no podía aterrizar allí incliné mi pequeña maravilla voladora sobre el ala izquierda, manteniendo el morro hacia arriba y el motor parado, y me zambullí hacia el campo como si realmente llevara yo la pelota. Tocamos tierra algo más allá de la cerca, a la izquierda del campo, y nos detuvimos cuando todavía sobraba espacio. Sólo había querido fanfarronear un poco, demostrarle lo que podía hacer un Fleet bien pilotado.

Un golpe a la palanca de gases me hizo virar para volver a remontarme, pero cuando me disponía a despegar vi que el Travel Air se aproximaba para tomar tierra. Con la cola baja y el ala derecha levantada, parecía un cóndor majestuoso virando para asentarse sobre el palo de una escoba.

Volaba bajo y muy lentamente, y se me erizaron las pelos de la nuca. Estaba a punto de presenciar una catástrofe.

Un Travel Air no puede pilotarse a menos de 90 kilómetros por hora para aterrizar, porque se cala y termina convertido en chatarra. Pero aquel biplano dorado y blanco se detuvo en el aire. Bueno, no quiero decir que se detuviera literalmente, pero no iba a más de 45 kilómetros por hora: ¡un avión que se cala a 80, entendedme bien, y que, así frenando en el aire, se posa con un suspiro sobre el césped!

Utilizó la mitad, quizá las tres cuartas partes del espacio que yo había empleado para asentar el Fleet.

Permanecí en la carlinga, mudo de asombro, mientras él rodaba hasta donde estaba yo y aparcaba. Cuando desconecté el motor me quedé mirándole tontamente, hasta que exclamó:

—¡Has encontrado un campo estupendo! Cerca del pueblo, ¿eh?

Nuestros primeros clientes, dos chicos montados en una Honda, ya se acercaban para averiguar qué sucedía.

—¿Qué significa eso de «cerca del pueblo»? —grité venciendo el estrépito de los motores que aún reverberaba en mis oídos.

—Bueno, está a cien metros de él.

—No, no me refiero a eso. ¿QUÉ ME DICES DE ESTE ATERRIZAJE? ¡En el Travel Air! ¿Cómo has conseguido aterrizar aquí?

Me hizo un guiño.

—¡Magia!

—No, Don... ¡te hablo en serio! He visto cómo aterrizabas.

Se dio cuenta de que yo estaba conmovido y más que un poco asustado.

—Richard, ¿quieres saber cómo flotan las llaves en el aire y cómo se curan todas las enfermedades y cómo el agua se convierte en vino y cómo se camina sobre las olas y cómo se posa un Travel Air en treinta y cinco metros de hierba? ¿Quieres conocer la explicación de todos estos milagros?

Me sentí como si me estuviera enfocando con un rayo láser.

—Quiero saber cómo has aterrizado aquí...

—¡Escucha! —gritó a través del espacio que nos separaba—. ¿Este mundo? ¿Y todo lo que hay en él? *¡Ilusiones*, Richard! ¡Todo en él son ilusiones! ¿Lo entiendes?

No me hizo guiños, ni me sonrió. Fue como si estuviese

súbitamente furioso conmigo por no saberlo yo desde hacía mucho tiempo.

La motocicleta se detuvo junto a la cola de su avión. Los chicos parecían ansiosos por volar.

—Sí —fue todo lo que atiné a decir—. Entiendo lo de las ilusiones.

Los chicos le acosaron al momento pidiéndole un vuelo y a mí me tocó buscar inmediatamente al dueño del campo y pedirle autorización para utilizar el prado.

Sólo hay un modo de describir los despegues y aterrizajes que realizó ese día el Travel Air: decir que parecía un falso Travel Air. Como si fuera en realidad un E-2 Cub, o un helicóptero disfrazado de Travel Air. Por alguna razón, me resultaba mucho más fácil aceptar que una llave de dos bocas flotara en el aire que mirar impasiblemente cómo su biplano levantaba vuelo, ¡con pasajeros!, a 45 kilómetros por hora. Una cosa es creer en la levitación cuando la ves, y otra muy distinta es creer en los milagros.

Seguía pensando en lo que Don había dicho con tanta vehemencia. Ilusiones. Alguien había dicho eso mismo antes... cuando yo era niño y estudiaba magia... ¡Es lo que explican los prestidigitadores! Nos advierten cuidadosamente: «Mirad, lo que vais a presenciar no es un milagro, no tiene nada de mágico. Es un efecto, es la ilusión de la magia.» Entonces sacan un candelabro de una nuez y convierten a un elefante en una raqueta de tenis.

Con un súbito arranque de lucidez, saqué del bolsillo el *Manual del Mesías* y lo abrí. En la página sólo había dos oraciones.

N o existe
ningún problema
que no te aporte simultáneamente
un don.

*B*uscas los problemas
porque necesitas
sus dones.

No supe muy bien por qué, pero la lectura de ese texto mitigó mi confusión. Seguí releyéndolo hasta aprenderlo de memoria.

El pueblo se llamaba Troy, y su dehesa prometía ser tan productiva para nosotros como lo había sido el campo de heno de Ferris. Pero en Ferris yo me había sentido seguro y en cambio aquí flotaba en el aire una tensión que no me gustaba nada.

Los vuelos que para nuestros pasajeros eran una aventura sin par en la vida, eran, para mí, una simple rutina, ensombrecida además por aquel extraño desasosiego. Mi aventura era aquel personaje con el que volaba..., la técnica increíble con que remontaba su avión y los argumentos enigmáticos que me había dado para explicar lo que hacía.

Los habitantes de Troy estaban tan poco pasmados por el milagro del vuelo del Travel Air como lo habría estado yo si a mediodía hubiera oído el repique de una campana del pueblo que llevara muda sesenta años... Ignoraban que era imposible que sucediera lo que estaba sucediendo.

—¡Gracias por el paseo! —exclamaban.

Y:

—¿Por qué han elegido un pueblo tan pequeño como Troy?

Y:

—¡Jerry, tu granja no es más grande que una caja de zapatos!

Tuvimos una tarde muy activa. Acudió mucha gente a volar e íbamos a ganar un montón de dinero. Sin embargo, algo empezó a decir, dentro de mí, que nos fuéramos, que nos fuéramos de aquel lugar. En otras oportunidades no he hecho caso de esa voz interior, y siempre lo he lamentado.

Aproximadamente a las tres de la tarde ya había repostado en dos ocasiones, después de hacer tantas veces el viaje de ida y vuelta a la estación de servicio de Skelly con dos bidones de veinte litros de gasolina, cuando me di cuenta de que el Travel Air no había llenado su depósito ni una sola vez. Shimoda no repostaba desde antes de llegar a Ferris, y ya hacía siete horas, casi ocho, que pilotaba sin poner a su avión una sola gota de combustible ni de aceite. Y aunque sabía que era un hombre bueno, y que no me haría daño, volví a asustarme. Si estiras realmente la gasolina, reduciendo las revoluciones al mínimo y escatimando mucho la mezcla en vuelo, es posible mantener el Travel Air en funcionamiento durante unas cinco horas. Pero no ocho, con despegues y aterrizajes.

Volaba sin pausa, viaje tras viaje, mientras yo vertía la gasolina en el depósito de la sección intermedia y agregaba un litro de aceite al motor. Había una cola de gente esperando turno y él no parecía inclinado a desilusionarla.

Sin embargo, le alcancé en el momento en que un matrimonio, con su ayuda, subía a la carlinga delantera. Procuré parecer tan circunspecto y despreocupado como pude.

—Don, ¿cómo marchan tus reservas de combustible? ¿Necesitas gasolina?

Permanecí parado, junto a la punta del ala, con un bidón de veinte litros, vacío, en la mano.

Me miró fijamente a los ojos y frunció el entrecejo, atónito, como si le hubiera preguntado si necesitaba aire para respirar.

—No —respondió, y me sentí como un bobo de primaria relegado al fondo del aula—. No, Richard, no necesito gasolina.

Me fastidió. Sé algo sobre motores de aviones y combustible.

—Muy bien, entonces —le espeté airadamente—. ¿No quieres uranio?

Rió y se distendió enseguida.

—No, gracias. Llené el depósito el año pasado.

E inmediatamente se metió en la carlinga y partió con sus pasajeros, repitiendo el despegue sobrenatural en cámara lenta.

Primeramente deseé que la gente se fuera a su casa; después, que nosotros partiéramos deprisa, con gente o sin ella; y finalmente, que yo tuviera el sentido común necesario para salir de allí solo, sin tardanza. Lo único que quería era despegar, encontrar un gran campo vacío lejos de toda ciudad y sentarme a escribir en mi diario lo que sucedía, tratando de descifrar su sentido.

Permanecí fuera del Fleet, descansando, hasta que Shimoda volvió a aterrizar. Me encaminé hacia su carlinga, azotado por la ráfaga de viento que despedía la hélice del potente motor.

—Ya he trabajado bastante, Don. Seguiré viaje, bajando lejos de las ciudades para descansar un poco. Ha sido un placer volar contigo. Te veré pronto, ¿eh?

No pestañeó.

—Un vuelo más y te acompañaré. Esa persona está esperando.

—Acepto.

El aludido esperaba en un destartalado sillón de ruedas que habían bajado por una rampa hasta el campo. Estaba contorsionado y crispado en el asiento como si se hallara bajo los efectos de una intensa fuerza de gravedad, pero había anunciado su deseo de volar. Había más gente alrededor, cuarenta o cincuenta personas, algunas en sus coches, otras esperando fuera, y todas miraban con curiosidad, preguntándose cómo se las ingeniaría Don para pasar al hombre del sillón a la carlinga.

Él ni siquiera lo pensó.

—¿Quiere volar?

El hombre del sillón de ruedas forzó una sonrisa torcida y asintió con un movimiento lateral de cabeza.

—¡Vamos, hágalo! —dijo Don parsimoniosamente, como si se dirigiera a alguien que hubiera esperado demasiado tiempo entre bambalinas y a quien le tocara entrar en escena. Pensando retrospectivamente, si hubo algo de extraño en el episodio fue la energía con que habló Don. Su tono fue natural, es cierto, pero también imperioso, como si pretendiera que el hombre se levantase y subiese al avión, sin excusas. Lo que ocurrió a continuación se desarrolló como si el hombre hubiera estado fingiendo y hubiese llegado a la última escena, después de la cual no había justificación para seguir representando el papel de tullido. Pareció una operación ensayada. La poderosa fuerza de gravedad se extinguió, como si nunca hubiera existido, y él saltó del sillón de ruedas, medio corriendo, sorprendido de sí mismo, en dirección al Travel Air.

Yo estaba cerca, y le oí.

—¿Qué ha hecho? —preguntó—. ¿Qué ha hecho conmigo?

—¿Va a volar o no va a volar? —dijo Don—. Son tres dólares. Antes de que despegue, por favor.

—¡Estoy volando! —exclamó.

Shimoda no le ayudó a subir a la carlinga, como acostumbraba a hacerlo con otros pasajeros.

Los espectadores que se hallaban en los coches se apearon... Circuló un fugaz murmullo y después se hizo un silencio atónito. Aquel hombre llevaba once años inmóvil, desde el día en que su camión se precipitó desde un puente.

El individuo saltó al interior de la carlinga como un niño que acabara de echarse encima una sábana para imitar un par de alas, y se deslizó hasta el asiento sin dejar de agitar los brazos, como si fueran un juguete nuevo.

Antes de que nadie atinara a hablar, Don accionó la palanca de gases y el Travel Air surcó los aires, describió una curva sobre los árboles y se remontó como un enloquecido.

¿Es posible que en un minuto coexistan la alegría y el terror?

Se sucedieron muchos minutos así. La gente estaba pasmada por lo que sólo se podía definir como la curación milagrosa de alguien que se la merecía, y al mismo tiempo sentí que, cuando los dos bajaran, ocurriría algo muy poco grato. La multitud estaba apiñada, a la expectativa, y las multitudes apiñadas se convierten en turbas, que no presagian nada bueno. Transcurría el tiempo. Los ojos taladraban el pequeño biplano, que volaba con placidez absoluta bajo el sol, y se gestaba algo violento, presto a estallar.

El Travel Air trazó algunos ochos perezosos, una espiral cerrada, y luego apareció flotando sobre la cerca como un platillo volante pesado y ruidoso. Si Don conservaba un poco de sentido común, dejaría al pasajero en el otro extremo del campo, volvería a despegar y desaparecería. Seguía llegando gente. Otro sillón de ruedas, que una mujer empujaba velozmente.

Don rodó hacia la muchedumbre, hizo virar el avión para que la hélice quedara apuntando en dirección contraria y desconectó el motor. La gente corrió hacia la carlinga y por un instante pensé que arrancaría la tela del fuselaje para llegar hasta ellos.

¿Fue un acto de cobardía? Lo ignoro. Me dirigí a mi avión, accioné la palanca de gases y tiré de la hélice para poner en marcha el motor. Luego subí a la carlinga, puse el Fleet en dirección al viento y levanté vuelo. Cuando vi por última vez a Donald Shimoda, estaba sentado sobre el borde de su carlinga, rodeado por la multitud.

Viré hacia el este, luego hacia el sudeste, y al cabo de un rato descendí para pasar la noche en el primer campo extenso que encontré, con árboles y con un arroyo del cual podría beber. Estaba lejos de toda ciudad.

6

Hasta hoy no puedo especificar qué fue lo que se apoderó de mí. Seguramente, la premonición de desastre inminente, que me indujo a alejarme incluso de aquel hombre extraño y curioso que se llamaba Donald Shimoda. Cuando se trata de confraternizar con la catástrofe, ni el Mesías en persona tiene suficiente poder para hacerme quedar.

En el campo reinaba el sosiego: se trataba de una inmensa pradera silenciosa, desnuda bajo la cúpula del cielo. El único rumor era el de un arroyuelo, pero para captarlo había que forzar mucho el oído. Nuevamente solo. Uno se habitúa a la soledad, pero basta interrumpirla un día para que haya que volver a empezar el proceso de acostumbramiento desde el principio.

—Muy bien, no estuvo mal durante algún tiempo —dije en voz alta, dirigiéndome a la pradera—. No estuvo mal y tal vez tenga mucho que aprender de ese individuo. Pero las muchedumbres me hartan incluso cuando están de buen talante... Y si están asustadas y van a crucificar a alguien, o a venerarlo, entonces lo lamento, ¡pero no lo soporto!

El discurso me tomó desprevenido, Shimoda podría haber dicho exactamente las mismas palabras. ¿Por qué se quedó allí? Yo había tenido la prudencia de partir y no era ni remotamente un mesías.

Ilusiones. ¿Qué entendía él por ilusiones? Eso importaba más que todo lo que había dicho o hecho. Fue categórico cuando proclamó: «¡Todo en el mundo son ilusiones!», como si sólo con su énfasis pudiera grabarme la idea en la cabeza. Ciertamente era un problema, y yo necesitaba su gracia, pero aún no sabía lo que significaba.

Al cabo de un rato encendí una fogata y me preparé una especie de *goulash* de sobras con restos de carne, fideos secos y dos salchichas que llevaba conmigo desde hacía tres días y que habrían salido beneficiadas con un buen hervor. La bolsa de las herramientas estaba aplastada contra la caja de las provisiones y saqué instintivamente de su interior la llave de dos bocas. La miré, la limpié y la utilicé para revolver el *goulash*.

Estaba solo, entendedlo bien, sin que nadie me observara, por pura diversión intenté hacerla flotar en el aire, como lo había hecho él. Si la arrojaba hacia arriba y parpadeaba cuando llegaba a su apogeo y empezaba a bajar, tenía la fugaz sensación de que flotaba. Pero luego se desplomaba sobre el suelo o sobre mi rodilla y la fantasía se disipaba rápidamente. ¿Cómo hacía él, con esta misma herramienta?

Si todo esto es ilusión, señor Shimoda, entonces, ¿qué es lo real? Y si esta vida es ilusión, ¿por qué la vivimos? Al final me di por vencido, lancé la llave otro par de veces y desistí.

Entonces me sentí súbitamente contento, repentinamente feliz de estar donde estaba y de saber lo que sabía, aunque eso no fuera la clave de toda la existencia, ni aun de unas pocas ilusiones.

Cuando estoy solo, a veces, canto. *«Oh, yo y mi viejo PAINT...»*, entoné, palmoteando el ala del Fleet con auténtico cariño (recordad que no había nadie que pudiera oírme). *«Vagaremos por el cielo... brincando por los campos de heno hasta que uno de los dos afloje...»* Yo componía la música y la letra a medida que cantaba. *«Y no seré yo quien afloje, Paint... A menos que se te rompa un LARGUERO... y entonces*

te ceñiré con alambre de ENFARDAR... y seguiremos volando...
SEGUIREMOS VOLANDO...»

Cuando me siento inspirado y feliz, los versos son infinitos, porque entonces la rima no es importante. Había dejado de pensar en los problemas del Mesías: carecía de medios para descifrar quién era o qué quería decir: por tanto, dejé de esforzarme y supongo que eso fue lo que me regocijó.

Aproximadamente a las diez se extinguió el fuego, y con él mi canción.

—Allí donde estés, Donald Shimoda —dije, desenrollando la manta debajo del ala—, te deseo un vuelo dichoso y que no encuentres muchedumbres. Si eso es lo que anhelas. No, retiro lo dicho. Te deseo, querido Mesías solitario, que encuentres todo lo que anheles encontrar.

Cuando me quité la camisa, su manual cayó del bolsillo. Lo leí allí donde se abrió.

E l vínculo que une
a tu auténtica familia
no es de sangre, sino
de respeto y de goce mutuo.

E s raro que los miembros
de una familia
se críen bajo
el mismo techo.

No vi qué aplicación tenían tales palabras en mi caso y me dije una vez más que nunca debía permitir que un libro sustituyera a mi propio entendimiento. Me arrebujé debajo de la manta y luego me sentí como si hubieran apagado una lamparilla: abrigado y lúcido bajo el cielo y bajo varios millares de estrellas que tal vez fueran ilusiones, pero bellísimas, en verdad.

Cuando desperté amanecía, entre un resplandor rosado y sombras de oro. No me desveló la luz, sino algo que me rozaba la cabeza, muy suavemente. Imaginé que era un tallo de heno. La segunda vez supuse que era un insecto, le di una violenta palmada y casi me rompí la mano... Una llave de dos bocas es un trozo de hierro muy duro para darle con toda la fuerza, y me despejó rápidamente. La llave rebotó contra la articulación del alerón, se clavó por un momento entre la hierba y luego se remontó majestuosamente para seguir flotando en el aire. Después, mientras la observaba, totalmente despejado, fue a posarse plácidamente sobre la tierra y se quedó quieta. Cuando por fin me decidí a levantarla, comprobé que era la misma vieja llave de dos bocas que yo conocía y estimaba, tan pesada como siempre, tan ansiosa como siempre por encarnizarse con los irritantes tornillos y tuercas.

—¡Vaya con la maldita...!

Nunca digo «demonios» ni «maldito», lo cual es un resabio de la personalidad que adquirí en mi infancia. Pero estaba realmente intrigado y no se me ocurrió ninguna otra exclamación. ¿Qué le sucedía a mi llave? Donald Shimoda estaba por lo menos a cien kilómetros de aquel lugar, más allá del horizonte. Sopesé la herramienta, la examiné, la balanceé, y me sentí como un antropoide prehistórico incapaz de entender la rueda que gira delante de sus ojos. Tenía que haber una explicación sencilla...

Al fin capitulé, ofuscado, la guardé en la bolsa y encendí el fuego para freírme un poco de pan. No tenía prisa por irme. Podía pasar el día allí, si se me antojaba.

El pan acababa de hincharse en la sartén y había llegado el momento de darle la vuelta, cuando oí un ruido en el cielo, por el oeste.

No era posible que el ruido procediera del avión de Shimoda ni que alguna otra persona me hubiera rastreado precisamente hasta ese campo, entre tantos otros similares que se multiplicaban por millones en el Medio Oeste. Pero supe que se trataba de él y empecé a silbar... mirando el pan y el cielo y buscando una frase aplomada para saludar su llegada.

Era el Travel Air, efectivamente, que pasó a ras del Fleet, se remontó bruscamente para describir un viraje espectacular y luego planeó por el espacio para posarse a 90 kilómetros por hora, la velocidad a que debe aterrizar un Travel Air. Acercó su avión al mío y apagó el motor. No dije nada. Agité la mano, pero permanecí mudo. Incluso dejé de silbar.

Salió de la carlinga y se aproximó al fuego.

—Hola, Richard.

—Llegas tarde —respondí—. Casi se me quema el pan.

—Lo siento.

Le pasé una taza con agua del arroyo y un plato de estaño con la mitad del pan y un poco de margarina.

—¿Cómo han ido las cosas?

—Bien —respondió con una sonrisa tenue y fugaz—. Salí con vida.

—Dudé que lo lograras.

Permaneció en silencio.

—¿Sabes una cosa? —dijo al fin, contemplando el contenido del plato—. Esto es realmente espantoso.

—Nadie te obliga a comer mi pan frito —respondí, enfadado—. ¿Por qué todos lo aborrecen? ¡NO LE GUSTA A NADIE! ¿Qué explicación tiene eso, Sublime Maestro?

—Bien —manifestó sonriendo—, y ahora hablo en mi condición de Dios..., diría que tú crees que es sabroso y que, en consecuencia, le encuentras buen sabor. Pruébalo sin pensar vehementemente lo que piensas y descubrirás que recuerda a un... incendio... después de una inundación... en un molino harinero. ¿No te parece? Supongo que le echaste adrede esta brizna de hierba.

—Disculpa. Cayó de mi manga, no sé cómo. ¿Pero no te parece que el pan básico, en sí mismo... no la hierba ni este trocito chamuscado que veo ahí... el pan básico, no crees que...?

—Horrible —dijo, devolviéndome todo lo que le había dado, menos un mordisco—. Prefiero morir de hambre. ¿Aún tienes fruta?

—En la caja.

¿Cómo me había encontrado? Un avión de ocho metros de envergadura no es fácil de hallar en veintiséis mil kilómetros cuadrados de praderas, sobre todo con el sol de frente. Pero me prometí a mí mismo que no se lo preguntaría. Si deseaba decírmelo, ya me lo diría.

—¿Cómo me has encontrado? Podría haber aterrizado en cualquier lugar.

Había abierto la lata de melocotón y tomaba las rodajas con un cuchillo..., lo cual no era nada fácil.

—Los iguales se atraen —dijo mientras escurría una rodaja.

—¿Cómo dices?

—Es una ley cósmica.

—Oh.

Terminé el pan y después fregué la sartén con arena del arroyo. ¡Un pan excelente!

—¿No te molestaría explicármelo? ¿Cómo puedo tener semejanzas con tu excelente personalidad? ¿O cuando hablaste de los «iguales» te referías a los aviones?

—Nosotros, los hacedores de milagros, debemos mantenernos unidos —manifestó.

Lo dijo de tal manera que la frase fue al mismo tiempo amable y atroz.

—Eh... Don. Con relación a tu último comentario... ¿Quieres tener la gentileza de aclarar a qué te refieres cuando hablas de nosotros los hacedores de milagros?

—A juzgar por la posición de la llave de dos bocas que veo en la bolsa de herramientas diría que esta mañana has ensayado el viejo truco de la levitación. ¿Me equivoco?

—¡Yo no he ensayado nada! Me desperté... ¡La llave me despertó, por sí sola!

—Oh. Por sí sola. —Se reía de mí.

—¡Sí, POR SÍ SOLA!

—Sabes tanto de obrar milagros, Richard, como de preparar pan frito.

No le contesté. Me limité a sentarme sobre la manta arrollada y me quedé tan callado como pude. Si quería decir algo, que lo dijera cuando quisiese.

—Algunos de nosotros empezamos a aprender estas cosas subconscientemente. Nuestra mente consciente no las acepta, de modo que obramos portentos en sueños. —Miró el cielo y las primeras nubecillas de la jornada—. No seas impaciente, Richard. Todos estamos en camino de ilustrarnos. Ahora lo captarás muy pronto y antes de darte cuenta serás un viejo y sabio maestro espiritual.

—¿Por qué dices que sucederá antes de que me dé cuenta? ¡No quiero darme cuenta! ¡No quiero saber nada!

—No quieres saber nada.

—Bueno, sí, quiero saber por qué existe el mundo y qué es, y por qué estoy aquí y a dónde iré a continuación... Quiero saber eso. Cómo volar sin un avión, si se me antojara.

—Lo lamento.

—¿Qué lamentas?

—No sucede así. Si descubres lo que es este mundo, cómo funciona, automáticamente empiezas a obrar milagros, o lo que la gente denominará milagros. Pero, desde luego, nada es milagroso. Cuando aprendes lo que sabe el mago, sus actos dejan de ser mágicos. —Apartó la mirada del cielo—. Tú eres como todos los demás. Ya lo sabes. Sencillamente ignoras, aún, que lo sabes.

—No recuerdo —dije—, no recuerdo que me hayas preguntado si yo quería aprender lo que, sea lo que fuere, ha hecho que las multitudes y las desgracias te buscaran durante toda tu vida. Aparentemente, se me ha borrado de la memoria.

Apenas terminé de pronunciar estas palabras, comprendí que contestaría que lo recordaría más tarde, y que al decirlo estaría en lo cierto.

Se estiró sobre la hierba, utilizando como almohada los restos de harina que quedaban en el saco.

—Escucha, no te inquietes por las multitudes. No podrán tocarte a menos que lo desees. Eres mágico, recuerda: haces ¡PUF! y te vuelves invisible y atraviesas puertas.

—La muchedumbre te atrapó en Troy, ¿no es cierto?

—¿Acaso dije que no quería que lo hiciera? Yo lo permití. Me gustó. Todos nosotros tenemos algo de sensiblería, porque de lo contrario jamás prosperaríamos como Maestros.

—¿Pero acaso no has renunciado? ¿No leí…?

—Tal como marchaban las cosas, me estaba convirtiendo en el Único-y-Exclusivo-Mesías-de-Todas-las-Horas, y ése es el cargo del que dimití indeclinablemente. Pero no puedo olvidar lo que aprendí en el curso de toda la vida, ¿no crees?

Cerré los ojos y trituré una brizna de paja.

—Escucha, Donald, ¿qué es lo que quieres dar a entender? ¿Por qué no te sinceras conmigo y explicas lo que ocurre?

Permaneció un largo rato callado y finalmente respondió:

—Quizá deberías decírmelo tú. Dime qué es lo que yo te quiero dar a entender, y te corregiré si te equivocas.

Reflexioné un minuto y resolví apabullarle.

—Muy bien, te lo diré.

Hice una pausa experimental, para verificar cuánto podía esperar Don si mi explicación no brotaba con suficiente fluidez. El sol ya estaba lo bastante alto para irradiar calor, y lejos, en un campo que no alcanzábamos a ver, un agricultor trabajaba con un tractor Diesel, cultivando maíz en domingo.

—Muy bien, te lo diré —repetí—. En primer lugar, no fue una coincidencia nuestro encuentro en aquella parcela de Ferris, ¿tengo razón?

Hizo tan poco ruido como el heno al crecer.

—Y en segundo lugar, entre nosotros dos existe una especie de pacto místico que aparentemente yo he olvidado y tú no.

Soplaba un viento suave y sus ráfagas modulaban el ronquido lejano del tractor.

Una parte de mi ser, que no pensaba que lo que yo decía fuera ficción, escuchaba mis palabras. Estaba confeccionando una historia verídica.

—Diré que nos encontramos hace tres o cuatro mil años, día más día menos. Nos gusta el mismo tipo de aventuras, probablemente odiamos el mismo tipo de bárbaros, cada uno de nosotros aprende con la misma alegría y más o menos con la misma rapidez que el otro. Tú tienes mejor memoria. El hecho de que volviéramos a encontrarnos fue lo que justificó que dijeses: «Los iguales se atraen.» —Tomé otra brizna de paja—. ¿Qué tal?

—Al principio pensé que sería una larga marcha —comentó—. Será una larga marcha, pero pienso que existe una ligera posibilidad de que esta vez llegues a la meta. Sigue hablando.

—Además, no hace falta que siga hablando, porque ya sabes qué es lo que sabe la gente. Pero si no dijera todo esto, no sabrías qué es lo que creo saber, y si no se cumple esa condición, no podré aprender nada de lo que deseo aprender. —Dejé la brizna—. ¿Qué provecho sacas de esto, Don? ¿Por qué te ocupas de gente como yo? Cuando alguien está tan avanzado como tú, todos esos poderes portentosos no son más que ventajas accesorias. No me necesitas, no necesitas absolutamente nada de este mundo.

Volví la cabeza y le miré. Tenía los ojos cerrados.

—¿Como la gasolina del Travel Air?

—Justamente —asentí—. De modo que lo único que te queda en el mundo es el hastío... No tienes margen para las aventuras cuando sabes que nada de lo que suceda te podrá afectar. ¡Tu único problema es la falta de problemas!

Pensé que había pronunciado un discurso sensacional.

—En eso te equivocas —respondió—. Explícame por qué abdiqué de mi función... ¿Sabes por qué renuncié al trabajo de Mesías?

—Dijiste que fue por las multitudes. Todos te esperaban para que les reemplazaras en la ejecución de sus milagros.

—Sí. La segunda razón, no la primera. La fobia a las muchedumbres es tu cruz, no la mía. Lo que me harta no son las multitudes, sino ese tipo de multitud que es totalmente indiferente a lo que he venido a decir. Puedes ir desde Nueva York hasta Londres sobre el océano, puedes estar sacando eternamente monedas de oro de la nada, y ni siquiera así conseguirás despertar su interés, ¿sabes?

Al decir esto, su expresión reflejó una inmensa soledad, la mayor que yo le había visto manifestar a un ser humano viviente. No necesitaba alimentos, ni techo, ni dinero, ni fama. Lo que le mataba era el anhelo de comunicar lo que sabía, cuando a nadie le importaba en la medida suficiente para escucharle.

Frunciendo el entrecejo para no romper a llorar, le miré a los ojos:

—Bien, tú te lo has buscado —dije—. Si tu felicidad depende de lo que hagan los demás, supongo que estarás en aprietos.

Irguió la cabeza y sus ojos centellearon como si le hubiera pegado con la llave. De pronto pensé que no sería prudente incitarle a enojarse conmigo. Cuando te alcanza el rayo, te fríes enseguida.

Luego volvió a lucir su fugaz sonrisa.

—¿Sabes una cosa, Richard? —murmuró lentamente—. ¡Tienes... razón!

Volvió a callar, casi hipnotizado por lo que yo había dicho. Sin notarlo, seguí hablándole durante horas acerca de cómo nos habíamos conocido y lo que me faltaba aprender, y todas estas ideas hendían mi cabeza como cometas matutinos y aerolitos fulgurantes. Don estaba muy quieto, sin decir una palabra. Hacia el mediodía completé mi versión del universo y de todo lo que residía en él...

—... y me siento como si apenas hubiera empezado, Don. Hay tantas cosas que decir. ¿Cómo sé todo esto? ¿Cuál es la explicación?

No respondió.

—Si pretendes que conteste mi propia pregunta, confieso que no lo sé. ¿Cómo puedo decir todas estas cosas ahora, cuando jamás lo intenté antes? ¿Qué me ha sucedido?

Silencio.

—¿Don? Ya puedes hablar.

No pronunció una palabra. Yo le había descrito el panorama de la vida, y mi Mesías, que parecía haber encontrado en esa sentencia fortuita acerca de la felicidad todo lo que necesitaba saber, se había quedado profundamente dormido.

7

Miércoles por la mañana, son las seis, no estoy despierto y ¡BUM!, se produce ese estruendo colosal, repentino y violento como el de una sinfonía tonante: súbitos coros de mil voces, palabras en latín, violines y timbales y trompetas con suficiente potencia para hacer trizas un cristal. El suelo se estremeció, el Fleet se bamboleó sobre las ruedas y yo salí de debajo del ala como un gato que ha recibido una descarga de 400 voltios, con los pelos erizados cual signos de exclamación.

El cielo estaba teñido por un amanecer de fuego helado, las nubes palpitaban con colores delirantes, pero el explosivo *crescendo* lo diluía todo.

—¡BASTA! ¡BASTA! ¡PAREN LA MÚSICA, PÁRENLA!

Shimoda gritó con tanto brío y furia que le oí por encima del estrépito, y el ruido cesó inmediatamente mientras los ecos se alejaban rodando y rodando y rodando. Luego se trocó en un dulce cántico sagrado, plácido como la brisa; Beethoven en sueños.

Don no se dejó impresionar.

—¡HE DICHO BASTA!

La música cesó.

—¡Uf! —suspiró.

Me limité a mirarle.

—Hay una hora y un lugar para cada cosa, ¿no crees? —preguntó.

—Vaya, una hora y un lugar, vaya...

—Un poco de música celestial está bien, en la intimidad de tu propia mente y tal vez en ocasiones especiales, pero ¿a primera hora de la mañana, y con tanta potencia? ¿Qué haces?

—¿Qué hago yo? Don, estaba durmiendo profundamente... ¿Por qué me preguntas qué hago?

Sacudió la cabeza, se encogió de hombros, impotente, resolló, y volvió a meterse en el saco de dormir, debajo del ala.

El manual estaba boca abajo sobre la hierba, donde había caído. Lo volví cuidadosamente y leí.

*Justifica
tus limitaciones
y ciertamente
las tendrás.*

Los mesías encerraban muchos enigmas para mí.

8

Completamos el día en Hammond, Wisconsin, llevando a unos cuantos pasajeros. Cenamos en el pueblo y luego emprendimos el regreso.

—Don, admito que esta vida puede ser interesante, o tediosa, o lo que tú quieras que sea. Pero ni siquiera en mis momentos de mayor lucidez he podido entender por qué estamos aquí, para empezar. Háblame un poco de eso.

Pasamos frente a la ferretería (cerrada) y al cine (abierto: *La jauría humana*) y en lugar de responder se detuvo y dio media vuelta en la acera.

—Tienes un poco de dinero, ¿no?

—Mucho, ¿por qué?

—Vamos a ver la película —dijo—. ¿Invitas?

—No sé, Don. Entra tú. Yo volveré a los aviones. No me gusta dejarlos demasiado tiempo solos.

¿Qué era lo que hacía que una película fuera súbitamente tan importante?

—A los aviones no les sucederá nada. Vamos al cine.

—Ya ha empezado la película.

—Pues la veremos empezada.

Ya estaba comprando su entrada. Lo seguí al interior de la sala y nos sentamos en una de las últimas filas. Debía de haber unas cincuenta personas en la penumbra que nos circundaba.

Al cabo de un rato olvidé por qué habíamos entrado y me dejé atrapar por la trama, que de todos modos siempre me ha parecido propia de un clásico del cine. Debía de ser la tercera vez que la veía. Dentro de la sala, el tiempo se enroscó y se estiró como siempre lo hace en una buena película, y durante un rato presté atención a los detalles técnicos: cómo estaba montada cada escena y cómo enlazaba con la siguiente, por qué cada una de ellas aparecía en un momento determinado y no más tarde. Traté de enfocar la película desde ese ángulo, pero la historia me envolvió y olvidé mi intención.

Cerca del final, Shimoda me tocó el hombro. Me incliné hacia él, mirando la pantalla, deseando que dejara para más tarde lo que me quería decir.

—¿Richard?

—Sí.

—¿Por qué estás aquí?

—Es una buena película, Don. Shhh.

Los protagonistas dialogaban.

—¿Por qué es buena? —preguntó.

—Es entretenida. Shhh. Te lo explicaré luego.

—Rompe el trance. Despierta. Son todas ilusiones.

Me irritó.

—Donald, faltan pocos minutos y después podremos hablar tanto como quieras. Pero déjame ver la película. ¿De acuerdo?

Susurró apasionada, dramáticamente:

—Richard, ¿por qué estás aquí?

—¡Escucha, estoy aquí porque tú me pediste que entrara!

Me volví y traté de ver el final.

—Nadie te obligó a entrar. Podrías haber dicho no, gracias.

—ME GUSTA LA PELÍCULA... —Un hombre sentado en la fila de delante se volvió para mirarme brevemente—. Me gusta, Don. ¿Hay algo malo en eso?

—Absolutamente nada —respondió, y no agregó una palabra hasta que terminó la sesión y nos pusimos a caminar; primero frente a la tienda donde vendían tractores usados y después, por la oscuridad hacia el campo y los aviones. Amenazaba lluvia.

Medité sobre su extraña conducta en el cine.

—¿Lo haces todo por alguna razón? —le pregunté.

—A veces.

—¿Por qué la película? ¿Por qué quisiste ver súbitamente ésa?

—¿Hiciste una pregunta?

—Sí. ¿Tienes una respuesta?

—Ésta es mi respuesta. Entramos en el cine porque hiciste una pregunta. La película fue la respuesta.

Se estaba burlando de mí.

—¿Cuál fue mi pregunta?

Hubo un largo silencio.

—Preguntabas, Richard, por qué ni siquiera en tus momentos brillantes has podido descifrar por qué estamos aquí.

Lo recordé.

—Y la película fue la respuesta.

—Sí.

—Ah.

—No lo entiendes —dijo.

—No.

—Era una buena película —explicó—. Pero la mejor película del mundo sigue siendo una ilusión, ¿no? Las películas ni siquiera se mueven: sólo parecen hacerlo. La luz cambiante parece moverse sobre una pantalla plana montada en la oscuridad.

—Bien, sí —empezaba a entender.

—Las otras personas, todas las que encuentras en cualquier lugar adonde vas a ver una película, ¿por qué están allí, cuando sólo se trata de ilusiones?

—Bueno, para entretenerse —dije.

—La diversión. Eso es. Primera razón.

—Podría ser para educarse.

—Sí. Siempre lo es. Aprendizaje. Segunda razón.

—Fantasía, evasión.

—Eso también es diversión. La primera.

—Razones técnicas. Para ver cómo está filmada la película.

—Aprendizaje. La segunda.

—Para matar el aburrimiento...

—Evasión. Ya lo has dicho.

—Por un motivo social. Para estar con amigos —dije.

—Razón para ir al cine, pero no para ver la película. De todos modos, es una diversión. Primera razón.

Le bastaban dos dedos para enumerar todas las alternativas que se me ocurrían. La gente va a ver películas para divertirse, o para aprender, o para ambas cosas a la vez.

—Y una película es como una vida, Don. ¿Es eso?

—Sí.

—¿Entonces por qué iba a escoger alguien una mala vida, una película de horror?

—La gente no va a ver las películas de horror sólo para divertirse. Al entrar al cine ya sabe que es una película de horror —manifestó.

—Pero ¿por qué?

—¿Te gustan las películas de horror?

—No.

—¿Has visto alguna?

—No.

—¿Pero algunas personas invierten mucho tiempo y dinero en ver monstruosidades, o problemas melodramáticos que otros individuos juzgan necios y aburridos...? —dejó flotando la pregunta, para que yo contestara.

—Sí.

—Tú no estás obligado a ver las películas que les gustan a esas personas, ni ellas a ver las que te gustan a ti. Esto es lo que llamamos «libertad».

—¿Pero por qué alguien podría tener interés en horrorizarse? ¿O en aburrirse?

—Se trata de personas que piensan que se lo han ganado porque ellas, a su vez, horrorizan a los demás, o porque les gusta la emoción del pánico, o porque suponen que las películas tienen que ser aburridas. ¿Puedes creer que muchas personas disfrutan, por razones que ellas juzgan muy sensatas, al imaginar que están indefensas en sus propias películas? No, no puedes creerlo.

—No, no puedo —respondí.

—Mientras no entiendas eso, te preguntarás por qué algunos individuos son desdichados. Son desdichados porque han elegido serlo, ¡y eso está muy bien, Richard!

—Hum.

—Somos criaturas proclives a jugar, a divertirnos, somos las nutrias del Universo. No podemos morir, no podemos herirnos, así como no es posible herir las ilusiones proyectadas sobre la pantalla. Pero podemos creer que estamos heridos, y creerlo con todos los detalles torturantes que nos plazcan. Podemos convencernos de que somos víctimas, muertos y ejecutores amortajados por la buena y la mala suerte.

—¿En muchas vidas? —pregunté.

—¿Cuántas películas has visto?

—Oh.

—Películas sobre la vida en este planeta, sobre la vida en otros planetas; todo lo que implica espacio y tiempo es puro cine y pura ilusión —dijo—. Pero durante un rato podemos aprender mucho y divertirnos mucho con nuestras ilusiones, ¿no es cierto?

—¿Hasta qué extremo llevas esta metáfora del cine, Don?

—¿Hasta qué extremo quieres llevarla? La película de esta noche la has visto en parte porque yo quería verla. Muchos seres eligen una vida íntegra porque les gusta compartir las cosas. Los actores de la película de esta noche han trabajado juntos en otras. «Antes» o «después»... Eso depende de la que hayas visto en primer término; o puedes verlos al mismo tiempo en pantallas distintas. Sacamos las entradas para estas películas y pagamos el precio cuando aceptamos creer en la realidad del espacio y en la realidad del tiempo... Ni el uno ni el otro son ciertos, pero quien no esté dispuesto a pagar ese precio no podrá aparecer en este planeta, ni en ningún otro sistema espacio-tiempo.

—¿Hay seres que no tienen absolutamente ninguna vida en el espacio-tiempo?

—¿Hay seres que no van nunca al cine?

—Entiendo. ¿Aprenden por otras vías?

—Has dado en el clavo —asintió, satisfecho conmigo—. El espacio-tiempo es una escuela bastante primitiva. Pero muchas personas conservan la ilusión aunque sea aburrida, y no quieren que se enciendan las luces temprano.

—¿Quién escribe el guión de estas películas, Don?

—¿No experimentas una sensación extraña cuando piensas en lo mucho que sabríamos si nos interrogáramos a nosotros mismos en lugar de hacer preguntas a terceros? ¿Quién escribe estos guiones, Richard?

—Nosotros —contesté.

—¿Quiénes actúan?

—Nosotros.

—¿Quién es el cámara, el operador, el administrador de la sala, la taquillera y el distribuidor, y quién asiste a todo lo que ocurre? ¿Quién disfruta de libertad para irse en la mitad del espectáculo, en cualquier momento, para cambiar el argumento cuando se le ocurre, para ver la misma película una y otra vez?

—Déjame adivinar —dije—. ¿Cualquiera que lo desee?

—¿Esa libertad te parece suficiente? —preguntó.

—¿Y por esto es tan popular el cine? ¿Porque sabemos instintivamente que las películas son un reflejo de nuestra propia vida?

—Quizá sí..., quizá no. No importa mucho, ¿verdad? ¿Qué es el proyector?

—La mente —dije—. No. La imaginación. Es nuestra imaginación, digas lo que digas.

—¿Qué es la película? —inquirió.

—Lo ignoro.

—¿Lo que entra en nuestra imaginación con nuestro consentimiento?

—Tal vez, Don.

—Puedes tomar un carrete de película en tus manos —dijo— y está todo concluido y completo: el comienzo, la mitad y el final están todos allí en el mismo segundo, en la misma millonésima de segundo. La película existe independientemente del tiempo que registra, y si la conoces, generalmente sabes lo que va a suceder antes de entrar en el cine: lucha y emociones, ganadores y perdedores, amor, catástrofe... Sabes que lo encontrarás todo. Pero para que esto te capte y te arrastre, para disfrutarlo al máximo, debes introducirlo en un proyector y dejar que corra frente al objetivo minuto a minuto... Para experimentar cualquier ilusión necesitas espacio y tiempo. De modo que pagas la entrada, te instalas en la butaca y olvidas lo que sucede fuera y la película empieza para ti.

—¿Y nadie sufre realmente? ¿La sangre no es más que salsa de tomate?

—No, es sangre auténtica —dijo—. Pero influye tan poco sobre nuestra vida real que daría igual si fuera salsa de tomate.

—¿Y la realidad?

—La realidad es portentosamente indiferente, Richard. A la madre no le importa qué papel representa su hijo cuando juega: un día es el villano, al día siguiente es el héroe. Lo que Es ni siquiera tiene noticia de nuestras ilusiones y nuestros juegos. Sólo se conoce a Sí mismo, y nos conoce a nosotros a su imagen y semejanza, perfectos y completos.

—No sé si quiero ser perfecto y completo. Hablando de aburrimiento...

—Mira el cielo —dijo, y fue un cambio tan súbito de tema

que miré hacia arriba. Había algunos cirros fragmentados, muy altos, y los primeros rayos de la luna plateaban los bordes.

—Una noche preciosa —comenté.

—¿Es perfecta?

—Bien, siempre es perfecta, Don.

—¿Quieres decir que el cielo siempre es perfecto, a pesar de que cambie a cada segundo?

—Caray, qué listo soy. ¡Sí!

—Y el mar siempre es perfecto, y también cambia constantemente —agregó—. Si la perfección es el estancamiento, ¡el cielo es una marisma! Y lo que Es no está aficionado a las marismas.

—No *es* aficionado a las marismas —le corregí, distraídamente—. Perfecto, y constantemente cambiante. Sí. Me has convencido.

—Te convenciste hace mucho tiempo, si insistes en la cronología.

Me volví hacia él mientras caminábamos.

—¿No te hartas de permanecer siempre en esta única dimensión?

—Oh, ¿de modo que permanezco en esta única dimensión? —dijo—. ¿Permaneces tú?

—¿Por qué todo lo que digo está errado?

—¿Está errado todo lo que dices? —preguntó.

—Creo que me he equivocado de ramo.

—¿Piensas que tal vez deberías dedicarte a la venta de fincas?

—De fincas o de seguros.

—Las fincas tienen mucho porvenir, si eso es lo que quieres.

—Ya. Lo lamento —dije—. No quiero un porvenir. Ni un pasado. Me conformo con convertirme en un buen y viejo Maestro del Mundo de la Ilusión. ¿Crees que quizá me bastará otra semana?

—Bueno, Richard, ¡espero que no tardes tanto!

Le miré concienzudamente, pero no sonreía.

9

Los días se fusionaron, confusamente, unos con otros. Volábamos como siempre, pero yo había dejado de calcular la duración del verano por los nombres de los pueblos o por el dinero que ganábamos. Empecé a medir su duración por las cosas que aprendía, las conversaciones que entablábamos cuando terminábamos de volar, y los milagros que se producían alguna que otra vez en el trayecto, hasta que por fin llegó el momento en que comprendí que no eran milagros.

Imaginad
el Universo bello
y justo y
perfecto

—me dijo en una oportunidad el manual.

Convenceos luego
de esto:
Lo que Es
lo ha imaginado
bastante mejor
que vosotros.

10

La tarde era tranquila... A veces, un pasajero aislado. En el ínterin, practicaba la vaporización de nubes.

He sido instructor de vuelo y sé que los alumnos complican siempre las cosas fáciles. Ahora soy un experto, pero en ese momento me hallaba reducido nuevamente a la condición de aprendiz mientras miraba fijamente los cúmulos que eran mi objetivo. Por esta vez necesitaba más instrucción que práctica. Shimoda estaba tendido debajo del ala de mi avión, fingiendo que dormía. Le toqué suavemente el brazo con el pie y abrió los ojos.

—No puedo hacerlo —dije.

—Sí, puedes —respondió, y cerró nuevamente los ojos.

—¡Lo he intentado, Don! Pero justamente cuando me parece que va a suceder algo, la nube reacciona y se hincha más que antes.

Suspiró y se sentó.

—Elígeme una nube. Que sea fácil, por favor.

Escogí la más abultada y amenazante del cielo, de mil metros de espesor, que vomitaba una humareda blanca del infierno.

—La que está sobre el silo, allí —dije—. La que ahora se está oscureciendo.

Me miró en silencio.

—¿Por qué me odias?

—Te lo pido porque te aprecio, Don —respondí, sonriendo—. Necesitas algo que te ponga a prueba. Pero si prefieres que elija una más pequeña...

Volvió a suspirar y giró nuevamente hacia el cielo.

—Lo intentaré. ¿Cuál has dicho?

Miré, y la nube, el monstruo cargado con un millón de toneladas de lluvia, había desaparecido. Su lugar estaba ocupado por un prosaico agujero de cielo azul.

—¡Caramba! —murmuré por lo bajo.

—Ha sido un trabajo interesante —comentó—. No, aunque me gustaría aceptar tus halagos, debo confesarte, con absoluta sinceridad, que es fácil. —Señaló un pequeño vellón de nube que flotaba sobre nuestras cabezas—. Ésa. Te toca el turno. ¿Listo? Adelante.

Miré la masa sutil y ésta, a su vez, me hizo frente. La imaginé evaporada, imaginé un espacio vacío allí donde se encontraba, le proyecté visiones de rayos calóricos, le pedí que reapareciera en algún otro lugar, y lentamente, muy lentamente, en un minuto, en cinco, en siete, terminó de desaparecer. Otras nubes se dilataron, pero la mía se esfumó.

—No eres muy rápido, ¿verdad? —comentó.

—Es la primera vez que lo hago, ¡no soy más que un principiante! Entro en colisión con lo imposible... bueno... con lo improbable, y lo único que se te ocurre decir es que no soy muy rápido. ¡Ha sido una proeza y tú lo sabes!

—Portentoso. Estabas apegado a ella y sin embargo desapareció para complacerte.

—¡Apegado! La he maltratado con todo lo que tenía a mi alcance: centellas, rayos láser; un aspirador de cien metros de altura...

—Era un apego negativo, Richard. Cuando quieres eliminar realmente una nube de tu vida, no lo haces con tanto aparato. Te relajas, sencillamente, y la borras de tu pensamiento. Eso es todo.

La nube ignora
por qué se desplaza
en una determinada dirección,
y a una velocidad específica,

dictaminaba el manual.

Siente un impulso... ése es
el rumbo del momento.
Pero el cielo conoce
las razones y las configuraciones
que hay detrás de todas las nubes,
y tú también las conocerás
cuando te eleves a la altura indispensable
para ver más allá de
los horizontes.

11

*N*unca
te conceden un deseo
sin concederte también la facultad
de convertirlo en realidad.

*S*in embargo,
es posible que te cueste
trabajo.

Habíamos aterrizado en una vasta dehesa próxima a un estanque de más de una hectárea, donde abrevaban los caballos. Lejos de todo núcleo habitado, más o menos en el límite entre Illinois e Indiana. No teníamos pasajeros y pensé que era nuestro día festivo.

—Escucha —dijo—. No, no escuches. Limítate a quedarte callado y mirar. Lo que vas a presenciar no es un milagro. Lee tu texto de física atómica... Un niño puede caminar sobre el agua.

Dijo esto, y como si ni siquiera hubiera notado que el agua estaba allí, dio media vuelta y se alejó unos metros de la orilla, caminando por la superficie del estanque. La capa de agua parecía un espejismo estival sobre un lago de piedra.

Don descansaba firmemente sobre la superficie, y ni una ola, ni una onda, le salpicaba las botas.

—Ven aquí —dijo—. Hazlo.

Lo vi con mis propios ojos. Obviamente era posible, porque Don estaba allí, de modo que me acerqué para reunirme con él. Me sentí como si caminara sobre un diáfano linóleo azul, y reí.

—¿Qué haces conmigo, Donald?

—Me limito a enseñarte lo que todos aprenden, tarde o temprano —respondió—, y ahora te das maña.

—Pero estoy...

—Escucha. El agua puede ser sólida... —Pisó con fuerza y hubo un ruido como el que hace el cuero al chocar con la piedra—. O no. —Repitió la acción y el agua nos salpicó a ambos—. ¿Has comprendido? Haz la prueba.

—¡Qué deprisa nos acostumbramos a los portentos! Hace menos de un minuto que pensé que marchar sobre el agua es posible, es natural, es...

—Bien, ¿y qué?

—Pero si ahora el agua es sólida, ¿cómo podemos beberla?

—Del mismo modo que andamos sobre ella, Richard. No es sólida, y no es líquida. Tú y yo resolvemos qué es lo que será para nosotros. Si quieres que el agua sea líquida, piénsala líquida, compórtate como si fuera líquida, bébela. Si quieres que sea aire, compórtate como si fuera aire, respírala. Prueba.

Pensé que tal vez influía en todo aquello la presencia de un alma sublime. Quizá semejantes portentos pudieran registrarse en un radio de veinte metros a la redonda...

Me arrodillé sobre la superficie y hundí la mano en el estanque. Líquido. Después me eché e introduje la cara en su manto azul y respiré, confiado. Me produjo la sensación del oxígeno licuado, tibio. Sin ahogos ni jadeos. Me senté y miré a Don, confiando en que él supiera lo que cruzaba por mi cabeza.

—Habla —dijo.

—¿Por qué debo hablar?

—Lo que quieres decir se expresa mejor con palabras. Habla.

—Si podemos andar sobre el agua, y respirarla y beberla, ¿por qué no podemos hacer lo mismo con la tierra?

—Sí. Claro. Verás...

Marchó hasta la ribera con tanta facilidad como si anduviera sobre un lago pintado. Pero cuando sus pies tocaron el suelo, la arena y la hierba de la orilla, empezó a hundirse, y después de dar unos pasos quedó sumergido hasta los hombros en la tierra. Fue como si el estanque se hubiera convertido súbitamente en una isla y la tierra se hubiera trocado en mar. Nadó un rato en la pradera, chapoteando en medio de oscuras gotas de arcilla, y luego flotó hasta la superficie, se levantó y anduvo sobre ella. ¡Súbitamente resultó milagroso ver a un hombre andando sobre la tierra!

Me erguí sobre el estanque y aplaudí su hazaña. Él hizo una reverencia y aplaudió la mía.

Caminé hasta el borde del estanque, pensé que la tierra era líquida y la toqué con la punta del dedo del pie. Sobre la hierba se expandieron ondas circulares. ¿Qué profundidad tiene el suelo?, estuve a punto de preguntar en voz alta. Será tan profundo como yo imagine que sea. Medio metro, pensé, tendrá medio metro de profundidad, y lo vadearé.

Avancé confiadamente por la playa y me hundí hasta que la tierra se cerró sobre mi cabeza. La zambullida fue instantánea. Abajo reinaba una oscuridad alarmante y luché por salir a flote, conteniendo el aliento, braceando en busca de un poco de agua sólida del borde del estanque, para tomar apoyo allí.

Don se rió, sentado en la hierba.

—¿Sabes que eres un alumno sensacional?

—¡No soy ningún alumno! ¡Sácame de aquí!

—Sácate solo.

Dejé de forcejear. Es sólida y puedo trepar fuera de ella. Es sólida... Y trepé fuera, cubierto por terrones y costras de tierra negra.

—¡Hombre, cómo te has puesto!

Su camisa azul y sus tejanos no tenían ni una mancha ni una partícula de polvo.

—¡Aaah! —Me sacudí la tierra del pelo, la saqué de mis oídos. Finalmente deposité la cartera sobre la hierba, me introduje en el agua líquida y me limpié a la manera tradicional, húmeda—. Sé que existe un sistema mejor que éste para lavarse.

—Sí, un sistema más rápido.

—No me lo expliques. Quédate ahí y ríete y deja que lo descubra por mis propios medios.

—De acuerdo.

Finalmente volví al Fleet, chorreando agua. Me mudé de ropa y colgué las prendas mojadas de los cables del avión, para que se secaran.

—Richard, recuerda siempre lo que has hecho hoy. Es fácil olvidar nuestros destellos de sabiduría, pensar que han sido sueños o viejos milagros pasados. Nada bueno es un milagro, nada bello es un sueño.

—El mundo es un sueño, dices, y es bello, a veces. La puesta de sol. Las nubes. El cielo.

—No. La imagen es un sueño. La belleza es real. ¿Comprendes la diferencia?

Asentí con un movimiento de cabeza, a punto de entender. Más tarde, eché una mirada furtiva al manual.

*El mundo
es tu cuaderno de ejercicios,
en cuyas páginas realizas
tus sumas.
No es la realidad,*

aunque puedes expresar la realidad
en él si lo deseas.

*T*ambién eres libre
de escribir tonterías o embustes,
o de arrancar
las páginas.

12

*E*l pecado original
    consiste en limitar
        el Ser.

No lo cometas.

Era una plácida tarde de calor, entre dos chaparrones, y las aceras por las que salíamos del pueblo estaban húmedas.

—Puedes andar por las paredes, ¿no, Don?

—No.

—Cuando contestas negativamente una pregunta cuya respuesta sé que es afirmativa, supongo que no te gustan los términos en que la hice.

—Somos observadores, ¿eh? —dijo.

—¿Dónde está el problema? ¿En el andar o en las paredes?

—Sí, y peor aún. Tu pregunta supone que existo en un espacio-tiempo limitado y que me traslado a otro espacio-tiempo. Hoy no estoy de humor para aceptar tus suposiciones acerca de mí.

Fruncí el entrecejo. Don sabía qué era lo que yo preguntaba. ¿Por qué no se contentaba con responder claramente, dejando que yo averiguara a continuación cómo se las arreglaba?

—Éste es mi modesto sistema para ayudarte a pensar con precisión —explicó afablemente.

—Ya. Si lo deseas, ¿puedes producir la impresión de que eres capaz de pasar a través de las paredes? ¿Así está mejor enunciada la pregunta?

—Sí. Mejor. Pero si quieres ser preciso...

—No me lo digas. Sé cómo expresar lo que pienso. He aquí mi pregunta. ¿Cómo es que puedes desplazar la ilusión de un sentido limitado de identidad, que en esta concepción de un *continuum* espacio-tiempo se define como tu «cuerpo», a través de la ilusión de restricción material que recibe el nombre de «pared»?

—¡Excelente! —exclamó—. Cuando formulas la pregunta correctamente se contesta sola; ¿no es cierto?

—No, la pregunta no se ha contestado sola; ¿cómo haces para atravesar las paredes?

—¡RICHARD! Casi lo habías conseguido y ahora lo has echado todo a perder. No puedo atravesar las paredes... cuando tú dices que supones cosas que yo no supongo en absoluto, y si las supongo, la respuesta es: «No puedo.»

—Pero es muy difícil expresarlo todo con tanta exactitud, Don. ¿No sabes qué es lo que quiero decir?

—¿De modo que porque algo es difícil renuncias a hacerlo? Al principio era difícil andar, pero practicaste y ahora consigues que parezca fácil.

Suspiré.

—Sí. Está bien. Olvida la pregunta.

—La olvidaré. Ahora te pregunto yo: ¿podrás olvidarla tú?

Me miró como si no tuviera en el mundo nada de qué preocuparse.

—De modo que dices que el cuerpo es ilusión y la pared es ilusión, pero la identidad es real y que las ilusiones no la pueden aprisionar.

—No lo digo yo. Lo dices tú.

—Pero es cierto.

—Desde luego —asintió.

—¿Cómo lo haces?

—Richard, no haces nada. Lo ves ya hecho, y está hecho.

—Caray, parece fácil.

—Es como andar. Te preguntas cómo alguna vez pudo haberte resultado difícil aprender.

—Don, ahora no me resulta difícil atravesar las paredes. Es imposible.

—¿Piensas que si repites y repites mil veces la palabra imposible las cosas difíciles te resultarán súbitamente más fáciles?

—Perdona. Es imposible, y lo haré cuando llegue el momento de hacerlo.

—Anda sobre el agua, señores, y está desalentado porque no atraviesa las paredes.

—Pero eso fue fácil, y esto...

—Justifica tus limitaciones y te quedarás con ellas —entonó—. ¿Acaso hace una semana no nadaste en la propia tierra?

—Lo hice.

—¿Y acaso la pared es algo más que la tierra en posición vertical? ¿Tanto te importa la dirección en que se desarrolla la ilusión? ¿Las ilusiones horizontales son vulnerables, pero las verticales no?

—Creo que te entiendo, Don.

Me miró y sonrió.

—Si me entiendes, ha llegado el momento de dejarte solo.

El último edificio del pueblo era una barraca para forraje y granos, una gran construcción de ladrillos anaranjados. Fue como si él hubiera resuelto volver a los aviones por un camino distinto, internándose por el atajo de un callejón secreto. El atajo pasaba a través de la pared de ladrillo. Don giró bruscamente hacia la derecha, se introdujo en el muro y desapareció. Ahora pienso que si yo hubiera girado inmediatamente, junto con él, también podría haber pasado. Pero lo que hice fue quedarme parado en la acera y mirar el lugar donde él había estado. Cuando estiré la mano y toqué el ladrillo, comprobé que era sólido.

—Algún día, Donald —dije—. Algún día...

Recorrí solo el largo camino hasta donde estaban los aviones.

—Donald —dije, cuando llegué al campo—. Me he convencido de que, sencillamente, no vives en este mundo.

Me miró sorprendido desde lo alto de su ala, donde estaba aprendiendo a verter gasolina en el depósito.

—Claro que no. ¿Puedes citar a alguien que sí viva?

—¿Cómo me preguntas tú eso? ¡Yo! ¡Yo vivo en este mundo!

—Excelente —respondió, como si merced a un estudio realizado por mi propia cuenta hubiera revelado un misterio oculto—. Recuérdame que hoy te pague la comida... Me asombra la forma en que nunca cesas de aprender.

Sus palabras me dejaron intrigado. No había en ellas sarcasmos ni ironía. Realmente lo pensaba.

—¿Qué quieres decir? Por supuesto que vivo en este mundo. Yo y aproximadamente cuatro mil millones de personas. Eres tú quien...

—¡Dios mío, Richard! ¡Hablas en serio! Anula esa comida. Nada de hamburguesas, ni de... ¡absolutamente nada! Y yo que pensaba que habías llegado a un nivel superior de conocimiento... —Se interrumpió y me miró desde arriba con colérica compasión—. Estás seguro de eso. ¿Vives en el mismo mundo, por ejemplo, que un... un agente de bolsa? Entonces, la nueva disposición de la Comisión de Valores y Bolsa, que obliga a examinar todas las carteras de valores en las que el accionista ha perdido más del cincuenta por ciento de su inversión, habrá trastornado y cambiado tu vida, ¿no?

¿Vives en el mismo mundo que un campeón de ajedrez? ¿Qué haces en un campo de Maitland, en Ohio, cuando esta semana se celebra en Nueva York el torneo abierto, y cuando Petrosian, Fischer y Browne se enfrentarán en Manhattan con un premio de medio millón de dólares? Tú, con tu biplano Fleet modelo 1929 posado en una granja, tienes un orden de prioridades encabezado por la autorización de los propietarios para aterrizar, por los pasajeros interesados en realizar vuelos de diez minutos, por el mantenimiento de los motores de aviación Kinner, y por un miedo mortal a las tormentas de granizo... ¿Cuántas personas supones que viven en tu mundo? ¿Dices que cuatro mil millones? ¿Me dices, ahí parado, en el suelo, que cuatro mil millones de personas no viven en cuatro mil millones de mundos independientes? ¿Pretendes hacerme creer semejante patraña?

Habló tan deprisa que quedó resoplando.

—Casi había empezado a sentir el sabor de esa hamburguesa, con el queso derretido...

—Lo siento. Habría sido un placer convidarte. Pero... ah, lo pasado, pasado. Es mejor olvidarlo.

Aunque fue la última vez que le acusé de no vivir en este mundo, tardé mucho en comprender las palabras que leí en la página por la que se abrió el libro:

Si haces la experiencia
de ser ficticio durante
un tiempo, comprenderás que
a veces los personajes de ficción
son más auténticos que
los individuos de carne y hueso
y de corazón palpitante.

13

*T*u conciencia
      es la medida de la honradez

               de tu egoísmo.

*E*scúchala
      atentamente.

—Somos todos libres de hacer lo que queramos —dijo aquella noche—. ¿No te parece esto absolutamente simple y limpio y diáfano? ¿No es una manera estupenda de gobernar un universo?

—Casi. Has olvidado un detalle muy importante —respondí.

—¿De veras?

—Somos todos libres de hacer lo que queramos, siempre que no perjudiquemos a los demás —argumenté—. Sé que eso es lo que te proponías decir, pero deberías decir lo que te propones.

En medio de la oscuridad se produjo un ruido y miré rápidamente a Don.

—¿Has oído?

—Sí. Parece que hay alguien... —Se puso en pie y se dirigió hacia las sombras. De pronto rió y pronunció un nombre que no alcancé a entender—. Está bien —le oí decir—. No, será un placer recibirle... No hay motivos para que se quede lejos... Venga, es bienvenido, se lo aseguro...

La voz que respondió tenía un marcado acento, no precisamente ruso, ni checo, sino más semejante al transilvano.

—Gracias. No quiero interrumpir su velada.

El hombre que Don llevó consigo a la luz de la fogata era... Bueno, desentonaba con la noche del Medio Oeste. Un tipejo enjuto y demacrado, con facciones de lobo, de aspecto inquietante, que llevaba un traje de etiqueta y una capa negra ribeteada de raso rojo. La luz le molestaba.

—Pasaba por aquí —explicó—. Este campo es un atajo para llegar a mi casa.

—¿Sí? —Shimoda no le creía, sabía que mentía, y al mismo tiempo se esforzaba por no soltar la carcajada. Yo esperaba descubrir pronto la verdad.

—Póngase cómodo —dije—. ¿Podemos ayudarlo en algo?

Realmente no me sentía muy generoso, pero el individuo estaba tan apocado que me habría gustado que se distendiera, si eso era posible.

Me miró con una sonrisa angustiosa que me dejó helado.

—Sí, pueden ayudarme. Se trata de algo que necesito desesperadamente, porque de lo contrario no lo pediría. ¿Puedo beber su sangre? ¿Sólo un poco? Es mi alimento, necesito sangre humana...

Quizá fue su acento. O no sabía hablar inglés correctamente o yo no había entendido sus palabras, pero me puse de pie con una rapidez que no desplegaba desde hacía muchos meses. Tanta fue mi prisa que llovieron briznas de paja sobre el fuego.

Retrocedió. Generalmente soy inofensivo, pero tengo una contextura robusta y probablemente le asusté. Volvió la cabeza en otra dirección.

—¡Disculpe, caballero! ¡Lo siento! ¡Por favor, olvide que hablé de sangre! Pero usted comprenderá...

—¿Qué dice? —Mi tono fue aún más feroz, porque estaba asustado—. ¿Qué diablos dice? Ignoro quién es usted. ¿Acaso se trata de una especie de VAM...?

Shimoda intervino antes de que pudiera completar la palabra.

—Richard, nuestro huésped estaba hablando y le has interrumpido. Siga, por favor. Mi amigo es un poco precipitado.

—Donald —dije—, este sujeto...

—¡Silencio!

Su reacción me sorprendió tanto que me callé y mis ojos le transmitieron una especie de pregunta aterrorizada al extraño individuo transportado desde sus tinieblas natales a la luz de nuestra fogata.

—Por favor, compréndanme. Yo no elegí nacer vampiro. Es una desgracia. No tengo muchos amigos. Pero necesito beber todas las noches una pequeña dosis de sangre humana, porque de lo contrario me retuerzo presa de un dolor atroz, ¡y si pasara más tiempo sin ella, no podría vivir! Por favor, sufriré mucho, moriré, si no me permiten succionar su sangre... Sólo un poquito, no necesito más de medio litro.

Avanzó un paso hacia mí, relamiéndose, pensando que Shimoda tenía sobre mí algún ascendiente y me haría capitular.

—Un paso más y correrá sangre, desde luego. Si se atreve a tocarme, morirá...

No lo habría matado, pero quería atarle, por lo menos, antes de seguir hablando.

Pareció creerme, porque se detuvo y suspiró. Se volvió hacia Shimoda.

—¿Ha demostrado lo que deseaba?

—Creo que sí. Gracias.

El vampiro me miró y sonrió, muy tranquilo, disfrutando inmensamente, como un actor en el escenario cuando termina la función.

—No beberé tu sangre, Richard —dijo en un inglés absolutamente cordial, desprovisto de acento. Se evaporó como si estuviera extinguiendo su propia luz... A los cinco segundos había desaparecido.

Shimoda volvió a sentarse junto al fuego.

—¡Cuánto me alegra que no hables en serio!

Todavía temblaba por el efecto de la adrenalina, listo para lidiar con el monstruo.

—Don, temo no estar en condiciones para soportar estos trances. Quizá será mejor que me expliques lo que sucede. Por ejemplo... ¿qué ha sido eso?

—Eso erra un fampirro de Trronsilvania —dijo—. O para ser más exacto, era una *imagen mental* de un fampirro de Trronsilvania. Si alguna vez quieres demostrarle algo a alguien y crees que no te escucha, materializa una imagen mental para probar tu tesis. ¿Piensas que exageré, con la capa y los colmillos y el acento? ¿Te ha resultado demasiado espantoso?

—La capa era de primera, Don. Pero nunca he visto nada más estereotipado, extravagante... No me asustó en absoluto.

Suspiró.

—Está bien. Pero por lo menos captaste el mensaje, y eso es lo que importa.

—¿Qué mensaje?

—Richard, cuando te portaste tan cruelmente con mi vampiro, hacías lo que deseabas hacer; aunque sabías que eso iba a dolerle a un tercero. Él incluso te advirtió que sufriría si...

—¡Se proponía chuparme la sangre!

—Que es lo que les hacemos a los demás cuando decimos que sufriremos si no viven a nuestra manera.

Permanecí un largo rato callado, rumiando el problema. Siempre había pensado que somos libres de hacer lo que nos plazca con la única limitación de no lastimar a terceros, y esto no encajaba en mi teoría. Faltaba algo.

—Lo que te desconcierta —dijo— es un lugar común que resulta ser impracticable. La frase es *lastimar a terceros*. Nosotros mismos elegimos ser lastimados o no serlo, y eso es todo. Somos nosotros quienes decidimos. Nadie más. ¿Te ha dicho mi vampiro que sufriría si no le permitías chupar tu sangre? La decisión de sufrir, la opción, es suya. Tú tomas tu propia resolución, eliges: darle sangre; no hacerle caso, amarrarle; atravesarle el corazón con una estaca. Si él no quiere que le claven la estaca, es libre de resistir, valiéndose de los recursos que desee emplear. Y eso se repite hasta el infinito: opciones, opciones.

—Cuando lo enfocas desde ese ángulo...

—Atiende —dijo—, es importante. *Somos todos. Libres. De hacer. Lo que. Nos. Place.*

14

T odos los seres,
todos los acontecimientos
de tu vida, están ahí
porque tú los has convocado.

De ti depende
lo que resuelvas hacer
con ellos.

—¿Y nunca te sientes solo, Don? —Fue en el café de Ryerson, en Ohio, donde se me ocurrió hacerle esa pregunta.

—Me sorprende que...

—Calla —dije—. No he terminado la pregunta. ¿Nunca te sientes un poquitín solo?

—Lo que tú interpretas como...

—Espera. A todas estas personas las vemos apenas durante unos pocos minutos. Alguna que otra vez aparece un rostro en la multitud, una hermosa mujer radiante, que me hace sentir deseos de quedarme y presentarme, de permanecer quieto, estático, conversando. Pero vuela conmigo diez minutos, o no vuela, y desaparece y al día siguiente parto rumbo a Shelbyville y jamás vuelvo a verla. Ésa es la soledad. Aunque supongo que no puedo encontrar amigos perdurables cuando yo mismo soy un individuo efímero.

Permaneció callado.

—¿O acaso sí puedo?

—¿Puedo hablar ya?

—Supongo que sí.

En aquel café servían las hamburguesas parcialmente envueltas en un fino papel encerado, y cuando las desenvolvías te encontrabas con un montón de semillas de sésamo... pequeñas e inútiles, pero las hamburguesas eran sabrosas. Comió un rato en silencio y yo le imité, preguntándome qué diría.

—Bien, Richard, somos imanes, ¿verdad? No, imanes no. Somos hierros, envueltos en alambres de cobre, y cada vez que queremos magnetizarnos podemos lograrlo. Hacemos fluir nuestro voltaje interior por el alambre y atraemos a quienes deseamos atraer. Al imán no le inquieta la técnica de su funcionamiento. Es él mismo, y por su naturaleza atrae algunos elementos y deja otros intactos.

Tomé una patata frita y lo miré con el entrecejo fruncido.

—Olvidaste un detalle. ¿Cómo lo hago?

—No haces nada. La ley cósmica, ¿recuerdas? Los semejantes se atraen. Limítate a desplegar tu propia personalidad, serena y transparente y luminosa. Cuando irradiamos lo que somos, preguntándonos a cada instante si lo que hacemos es lo que deseamos hacer y haciéndolo sólo cuando la respuesta es afirmativa, nuestra actitud rechaza automáticamente a quienes nada tienen que aprender de lo que somos y atrae a quienes sí tienen algo que aprender, que son los mismos de quienes nosotros a la vez aprendemos.

—Pero para eso se necesita mucha fe, y mientras tanto te sientes muy solo.

Me miró enigmáticamente por encima de la hamburguesa.

—La fe es una patraña. No se necesita un ápice de fe. Lo que se necesita es imaginación. —Barrió con la mano el tramo de mesa que nos separaba, apartando la sal de las patatas fritas, la salsa de tomate, los tenedores y los cuchillos, hasta que terminé por preguntarme qué iba a suceder; qué se iba a materializar delante de mis ojos—. Si tienes una imaginación del tamaño de una semilla de sésamo —continuó, empujando hasta el extremo de la mesa una semilla de muestra—, todo será posible para ti.

Estudié la semilla de sésamo y luego le observé a él.

—Ojalá los mesías celebréis un cónclave y os pongáis de acuerdo. Yo siempre pensé que la clave era la fe cuando el mundo se vuelve contra mí.

—No. Mientras estaba en funciones intenté corregir ese error, pero fue una larga lucha llamada al fracaso. Hace dos mil años, cinco mil, carecían de una palabra para designar la imaginación, y no encontraron nada mejor que la fe para catequizar a una solemne legión de epígonos. Tampoco tenían semillas de sésamo.

Sabía muy bien que tenían semillas de sésamo, pero pasé por alto el embuste.

—¿Debo imaginar esta magnetización? ¿Debo imaginar a una bella y sabia damisela mística que aparece en medio de la multitud, en un campo de Tarragon, en Illinois? Puedo hacerlo, pero eso es todo... Sólo mi imaginación.

Con expresión desesperada, elevó los ojos al cielo, simbolizado en ese momento por el techo de estaño y las frías luces del Em and Edna's Café.

—¿Sólo tu imaginación? ¡*Claro* que es tu imaginación! El mundo es tu imaginación, ¿o ya lo has olvidado? *Donde está tu pensamiento, allí está tu experiencia; El hombre es lo que piensa; Aquello que temía es lo que me sobreviene; Piensa y hazte rico; Imaginación creativa por placer y lucro; Cómo encontrar amigos siendo lo que eres.* El hecho de que imagines no modifica un ápice el *Es*, no afecta en absoluto a la realidad. Pero estamos hablando de los mundos de Warner Brothers, de las vidas de MGM, y cada segundo de los unos y las otras está compuesto por ilusiones e imaginaciones. Todos son sueños con los símbolos que quienes soñamos despiertos evocamos para nosotros mismos. —Alineó el cuchillo y el tenedor como si estuviera construyendo un puente desde su sitio hasta el mío—. ¿Te preguntas qué dicen tus sueños? Tanto daría que miraras los objetos de tu vigilia y te preguntases lo que significan. Tú, que siempre estás rodeado de aviones.

—Sí, Don. Ya está bien —rogué que frenara, que no me asestara ese cúmulo de conceptos simultáneamente. Cuando se trata de nuevas ideas, una velocidad de un kilómetro por minuto es excesiva.

—Si soñaras con aviones, ¿qué significaría eso para ti?

—Ah, la libertad. Los sueños con aviones significan evasión, vuelo, emancipación.

—No debo aclarártelo más. Lo que sueñas despierto encierra el mismo significado: el anhelo de liberarte de todo lo que te sujeta: la rutina, la autoridad, el hastío, la solemnidad. Lo que no has entendido es que ya eres libre, y siempre lo has sido. Si tuvieras la mitad de las semillas de sésamo que tiene esto... serías el dueño supremo de tu vida de mago. ¡Sólo imaginación! ¿Qué dices?

A ratos, la camarera le miraba con expresión extraña, sin dejar de secar los platos, preguntándose de quién se trataba.

—¿De modo que nunca te sientes solo, Don? —insistí.

—A menos que eso sea lo que desee. Tengo amigos en otras dimensiones que me hacen compañía alguna que otra vez. Tú también los tienes.

—No. Me refiero a esta dimensión, a este mundo imaginario. Muéstrame de qué se trata, haz un pequeño milagro con el imán. Quiero aprenderlo.

—Enséñamelo tú —dijo—. Para corporizar cualquier cosa en tu vida imagina que ya está allí.

—¿Qué, por ejemplo? ¿Acaso mi damisela solitaria?

—Cualquier cosa. No tu damisela. Algo pequeño para empezar, algo inusitado.

—¿Y tengo que practicar ahora?

—Sí.

—Bueno... Una pluma azul.

Me miró sin entender.

—¿Qué has dicho, Richard? ¿Una pluma azul?

—Cualquier cosa, dijiste. No una damisela, sino algo pequeño.

Se encogió de hombros.

—Muy bien. Una pluma azul. Imagina la pluma. Figúratela claramente, con todas sus vetas y bordes, la punta, los desgarrones en V, la pelusa que circunda el cañón. Sólo un minuto. Después déjala pasar.

Cerré los ojos durante un minuto y forjé una imagen mental: quince centímetros de longitud, de color azul, iridiscente virando a plateado en los bordes. Una pluma nítida y refulgente que flota en la oscuridad.

—Circúndala con una luz dorada, si quieres. Es un recurso terapéutico. Para ayudarla a materializarse, pero también sirve para magnetizar.

Rodeé mi pluma con un halo dorado.

—Ya.

—Muy bien. Ya puedes abrir los ojos.

Abrí los ojos.

—¿Dónde está mi pluma?

—Si estaba patente en tu pensamiento, en este momento arremete hacia ti como un Sherman.

—¿Mi pluma? ¿Como un Sherman?

—Hablo en términos figurados, Richard.

Durante toda esa tarde aguardé la aparición de la pluma. No llegó. Fue por la noche, a la hora de cenar un bocadillo caliente de pavo, cuando la vi. Una ilustración y una leyenda en tipografía pequeña, impresas sobre el recipiente de leche. Envasada para la Central Lechera Scott por Granjas Pluma Azul, Bryan, Ohio.

—¡Don! ¡Mi pluma!

Miró y se encogió de hombros.

—Pensé que querías una pluma de veras.

—Bueno, cualquier pluma sirve para empezar, ¿no te parece?

—¿Viste solamente la pluma, o la sostenías en la mano?

—La pluma sola.

—Eso lo explica. Si deseas estar junto con lo que magnetizas, debes introducirte también en la imagen. Disculpa que no te lo dijera.

Me invadió una sensación extraña y escalofriante. ¡Lo había logrado! ¡Había magnetizado conscientemente mi primer objeto!

—Hoy una pluma —exclamé—. ¡Mañana, el mundo!

—Ten cuidado, Richard —dijo premonitoriamente—, o lo lamentarás...

15

La verdad
que enuncias
no tiene pasado
ni futuro.

Es,
y con eso
basta.

Yacía boca arriba bajo el Fleet, limpiando el aceite de la panza del fuselaje. Curiosamente, el motor despedía menos aceite que antes. Shimoda transportó un pasajero y después se acercó y se sentó sobre la hierba mientras yo trabajaba.

—Richard, ¿qué esperanza te queda de conmover al mundo cuando a tu alrededor todos se ganan la vida trabajando y tú revoloteas irresponsablemente un día y otro en tu loco avión? —Me estaba poniendo nuevamente a prueba—. Es una pregunta que te harán más de una vez.

—Bueno, Donald. Artículo primero: no estoy aquí para conmover al mundo. Estoy aquí para vivir mi vida en condiciones que me hagan feliz.

—Muy bien. ¿Artículo segundo?

—Artículo segundo: todos los demás son libres de hacer

lo que más les plazca, para ganarse el sustento. ¿Artículo tercero? Responsables significa capaces de responder, capaces de responder por las condiciones en que elegimos vivir. Por supuesto, hay una sola persona ante la que debemos responder, y esa persona es...

—Uno mismo —completó Don, dirigiéndose a la multitud imaginaria de discípulos que nos rodeaba.

—Ni siquiera tenemos que responder ante nosotros mismos, si no se nos antoja... No tiene nada de malo ser irresponsable. Pero a la mayoría de nosotros nos parece más interesante saber por qué nos comportamos como lo hacemos, por qué nuestras opciones son las que son... ya optemos por contemplar un pájaro, o pisar una hormiga, o trabajar en algo que no nos gusta con el exclusivo fin de ganar dinero. —Tuve un pequeño sobresalto—. ¿Es una respuesta demasiado larga?

—Larguísima —asintió.

—Muy bien... ¿Qué esperanza te queda de conmover al mundo...? —Salí de debajo del avión y descansé un rato a la sombra de las alas—. ¿Qué te parece si digo que dejo que el mundo viva como quiera, y que me dejo vivir a mí mismo como quiero?

Me dirigió una mirada satisfecha y orgullosa.

—¡Has hablado como un auténtico Mesías! Una respuesta simple, directa, fácil de citar, y que no contesta el interrogante a menos que alguien medite lo necesario para analizarla cuidadosamente.

—Ponme nuevamente a prueba.

En estos trances me encantaba ver a mi propia mente en acción.

—Maestro —dijo—, «deseo ser amado, soy bondadoso, hago a mi prójimo lo que querría que éste me haga a mí, y sin embargo no tengo amigos y estoy solo». ¿Cómo contestarás esto?

—Lo ignoro —murmuré—. No tengo la más vaga idea sobre lo que debo aconsejarte.

—¿CÓMO?

—Un poco de humor, Don, para animar la velada. Una distracción inocente.

—Será mejor que elijas bien la forma de animar la velada, Richard. Los problemas no son chanzas y juegos para quien viene a consultarte, a menos que se trate de un individuo muy evolucionado, y ésos ya saben que son sus propios mesías. Como te han concedido las respuestas, comunícalas. Haz el chiste de decir «lo ignoro» y verás cuánta prisa se da la turba para incinerar a un hombre en la pira.

Me erguí altivamente.

—Buscador, vienes en demanda de respuesta, y yo te la doy: la Regla de Oro no sirve. ¿Te gustaría encontrar a un masoquista que haga a sus prójimos lo que quiere que éstos le hagan a él? ¿O a un devoto del Dios Cocodrilo, que anhela el honor de ser arrojado vivo al foso? Aun tratándose del Samaritano que inauguró el sistema... ¿qué le hizo pensar que el hombre que encontró caído a la vera del camino deseaba que le vertieran aceite en las llagas? ¿Y si aquel hombre aprovechaba esos momentos de paz para curarse espiritualmente, disfrutando del desafío que suponían? —Mis propias palabras me parecían convincentes—. Aunque la Regla se trueque en *Haz a tu prójimo lo que éste quiera que le hagan*, es imposible saber cómo alguien que no es uno mismo quiere que lo traten. Lo que la Regla significa es: *Haz a tu prójimo lo que sinceramente deseas hacerle*, y así es en verdad como la aplicamos. Si sustentas esta regla y tropiezas con un masoquista, no estás obligado a azotarle con su látigo sólo porque esto es lo que él anhela que le hagas. Tampoco tienes el deber de arrojar al devoto al foso de los cocodrilos. —Le miré—. ¿Demasiado latoso?

—Como siempre. ¡Richard, si no aprendes a sintetizar, perderás el noventa por ciento de tu auditorio!

—Bien, ¿qué tiene de malo perder el noventa por ciento de mi auditorio? —le espeté—. ¿Qué tiene de malo perder a

TODO mi auditorio? ¡Sé lo que sé y digo lo que digo! Y si eso está mal, paciencia. ¡Los paseos en avión cuestan tres dólares, en efectivo!

—¿Sabes una cosa? —preguntó.

Shimoda se puso en pie y se sacudió la hierba de los tejanos.

—¿Qué? —exclamé, con tono petulante.

—Acabas de diplomarte. ¿Qué sensación te produce ser un Maestro?

—Endemoniadamente frustrante.

Me miró con una sonrisa infinitesimal.

—Te acostumbrarás a eso —dijo.

He aquí
una prueba para verificar
si tu misión en la tierra
ha concluido:
Si estás vivo,
no ha concluido.

16

Las ferreterías ocupan siempre locales largos, atestados de estanterías que se extienden hasta el infinito. Estaba en la ferretería Hayward, en los lugares más remotos, casi en la penumbra, buscando tuercas y tornillos de 3/8 de pulgada y arandelas de muelle para el patín de cola del Fleet. Shimoda miraba pacientemente mientras yo exploraba. Él, desde luego, no necesitaba ningún artículo de ferretería. Pensé que toda la economía se desmoronaría si el resto de la humanidad fuera como él y pudiera fabricar lo que se le ocurriera con la ayuda exclusiva de las imágenes mentales y el aire circundante, y reparar cualquier cosa sin piezas de recambio ni trabajo.

Por fin encontré la media docena de tornillos que necesitaba y volví con ellos al mostrador, donde el propietario difundía una música suave. Era *Greensleeves*, melodía que me ha perseguido placenteramente desde mi infancia, interpretada al laúd a través de un sistema de altavoces oculto, cuya presencia me sorprendió en un pueblo de cuatrocientas almas.

También sorprendió a Hayward, porque no se trataba en absoluto de un sistema de altavoces. Repantigado en su taburete de madera, detrás del mostrador, observaba al Mesías mientras éste hacía vibrar las notas en una barata guitarra de seis cuerdas tomada de un estante. Era un sonido hermoso y yo permanecí en silencio mientras pagaba mis setenta y tres céntimos y me sentía perseguido nuevamente por la melodía. Quizá fuera todo producto de la cualidad metálica del instrumento, pero evocaba la lejana y brumosa Inglaterra de otro siglo.

—¡Es maravilloso, Donald! ¡No sabía que supieras tocar la guitarra!

—¿No lo sabías? Entonces ¿es que piensas que, si alguien se hubiera acercado a Jesucristo con una guitarra, éste habría contestado «no sé tocarla»? ¿Lo habría hecho?

Shimoda dejó la guitarra en su lugar y salió conmigo a la calle soleada.

—¿O piensas —continuó— que si alguien interpelara en ruso o en persa a un maestro digno de su aura, podría suceder que éste no entendiera lo que le dicen? ¿O que si quisiera desmontar un tractor D-10 o pilotar un avión, no podría hacerlo?

—De modo que en verdad lo sabes todo, ¿eh?

—Tú también lo sabes, claro. Sencillamente, sé que lo sé todo.

—¿Podría tocar así la guitarra?

—No, tendrías tu propio estilo, diferente del mío.

—¿Cómo iba a hacerlo? —No pensaba volver corriendo a la tienda y comprar la guitarra. Sólo lo preguntaba por curiosidad.

—Bastará que deseches todas tus inhibiciones y todas tus certidumbres de que no puedes tocar. Pulsa el instrumento como si fuera parte de tu vida, cosa que en realidad es, dentro de otra existencia alternativa. Convéncete de que es lógico que lo toques correctamente y deja que tu personalidad inconsciente se adueñe de tus dedos y arranque la melodía.

Había leído algo sobre el tema: el aprendizaje hipnótico, sistema que consistía en inculcar a los alumnos la idea de que dominaban el arte, merced a lo cual ejecutaban música, o pintaban, o escribían como artistas magistrales.

—Es difícil, Don, renunciar a mi convicción de que no sé tocar la guitarra.

—Entonces te resultaría difícil tocarla. Necesitarás años de práctica para autorizarte a hacerlo bien, para que tu subconsciente te diga que has sufrido bastante y que te has ganado el derecho a hacerlo bien.

—¿Por qué tardé tan poco en aprender a volar? Eso es difícil, pero yo aprendí enseguida.

—¿Querías volar?

—¡Era lo único que me interesaba! ¡Más que cualquier otra cosa! Veía las nubes debajo de mí, y el humo de las chimeneas que se elevaba rectamente en medio de la placidez matinal, y veía... Ah. Ya entiendo. Vas a decir: «Nunca has alimentado el mismo sentimiento respecto de las guitarras, ¿no es cierto?»

—Nunca has alimentado el mismo sentimiento respecto de las guitarras, ¿no es cierto?

—Y esta sensación de zozobra que experimento ahora, Don, me dice que así aprendiste a volar. Un día subiste sencillamente al Travel Air y lo pilotaste. Nunca habías estado antes en un avión.

—Vaya, sí que eres intuitivo.

—¿No tuviste que presentarte al examen para obtener la licencia? No, espera. Ni siquiera tienes la licencia, ¿verdad? Una licencia oficial de piloto.

Me miró con expresión extraña, con un atisbo de sonrisa, como si le hubiera desafiado a mostrar la licencia y él pudiera exhibirla.

—¿Te refieres a la hoja de papel, Richard? ¿Hablas de ese tipo de licencia?

—Sí, a la hoja de papel.

No se metió la mano en el bolsillo ni sacó la cartera. Se limitó a abrir la mano derecha. Allí estaba la licencia de piloto, como si la hubiera llevado constantemente consigo a la espera de que yo se la pidiese. No estaba estropeada ni doblada, y pensé que no tenía ni diez segundos de existencia.

Pero la tomé y la examiné. Era una licencia oficial de piloto, con el sello del Departamento de Transportes. *Donald William Shimoda*, con domicilio en Indiana, piloto comercial registrado, autorizado para pilotar mono y polimotores, y planeadores.

—¿No puedes pilotar hidroaviones ni helicópteros?

—Lo tendré si me hace falta —respondió, con un tono tan enigmático que me eché a reír antes que él. El individuo que barría la acera frente a la tienda de International Harvester nos miró y también sonrió.

—¿Y yo? —pregunté—. Quiero mi autorización para pilotar aviones de transporte.

—Tendrás que fraguar tus propias matrículas.

17

En el programa de radio de Jeff Sykes tuve ocasión de conocer a un Donald Shimoda para mí desconocido. El programa empezó a las nueve de la noche y se prolongó hasta las doce. Se difundía desde un estudio no mayor que el taller de un relojero, cuyas paredes estaban cubiertas de mandos, sintonizadores e hileras de anuncios comerciales grabados en carretes de cinta magnetofónica.

Sykes preguntó en primer término si no era hasta cierto punto ilegal volar por el país en un avión antiguo, recogiendo pasajeros.

La respuesta debería haber sido negativa. No había nada de ilegal en eso, y los aviones eran inspeccionados tan escrupulosamente como cualquier reactor de transporte. Eran más seguros y resistentes que la mayoría de los aviones modernos de metal laminado, y lo único que hacía falta era la matrícula y la autorización del dueño del campo. Pero Shimoda no dijo nada de eso.

—Nadie puede prohibirnos que hagamos lo que queremos hacer, Jeff —respondió.

Lo cual era muy cierto, pero implicaba una falta de tacto, siendo así que hablaba al público de la radio, ansioso por saber qué significaba esa historia de los aviones que andaban por todas partes. Apenas un minuto después empezó a parpadear la lucecita del teléfono instalado en la mesa de Sykes, que comunicaba con la centralita.

—Tenemos una llamada en la línea uno —anunció Sykes—. Sí, señora.

—¿Estoy en antena?

—Sí, señora, está en antena y nuestro invitado es el señor Donald Shimoda, piloto. Adelante, está en antena.

—Bien, me gustaría decirle a ese individuo que no todos pueden hacer lo que quieren y que algunas personas deben trabajar para ganarse la vida y tienen la responsabilidad suficiente para no andar haciendo payasadas por las alturas.

—Las personas que trabajan para ganarse la vida hacen lo que más les place —respondió Shimoda—. Lo mismo que las que se ganan la vida jugando...

—Las Escrituras dicen que ganarás el pan con el sudor de tu frente y lo comerás con dolor.

—También somos libres para proceder así, si lo deseamos.

—«¡Haz lo que quieras!» Estoy harta de que personas como usted repitan «¡haz lo que quieras, haz lo que quieras!». Si permitimos que todos se desboquen, destruirán el mundo. Ya lo están destruyendo. ¡Fíjese en lo que está ocurriendo con las plantas, con los ríos y con los océanos!

Le dio cincuenta pretextos distintos para contestar y él los ignoró todos.

—No importa que se destruya el mundo —dijo—. Tenemos otros mil millones de mundos para crear y elegir. Mientras la gente anhele planetas, tendrá planetas donde vivir.

No era el argumento ideal para apaciguar a su interlocutora y miré atónito a Shimoda. Éste sustentaba su punto de vista particular, que abarcaba la perspectiva de incontables ciclos visuales y de los conocimientos que sólo un maestro puede recordar. Naturalmente, su interlocutora suponía que la discusión giraba en torno de la realidad de este único mundo, donde el nacimiento es el comienzo y la muerte es el fin. Él lo sabía..., ¿por qué entonces no lo tomaba en consideración?

—Todo anda a las mil maravillas, ¿no es cierto? —exclamó la polemista por teléfono—. En este mundo no existe la maldad, el pecado no prospera alrededor de nosotros. Eso es lo que inquieta, ¿verdad?

—No hay ningún motivo para que nos afanemos por eso, señora. Vemos sólo una partícula del todo que es la vida, y esa única partícula es falsa. Todo se equilibra, y nadie sufre y nadie muere sin su consentimiento. Nadie hace lo que no quiere hacer. No existen ni el bien ni el mal, fuera de lo que nos hace felices y de lo que nos hace desdichados.

Nada de esto contribuía a calmar a la dama. Pero ella cambió bruscamente de tono y se limitó a preguntar:

—¿Cómo sabe todo eso? ¿Cómo sabe que lo que dice es cierto?

—No sé que es cierto —respondió Shimoda—. Lo creo simplemente porque me complace creerlo.

Entrecerré los ojos. Podría haber dicho que lo había ensayado y que daba resultado: las curaciones, los milagros, la vida práctica que convertía sus ideas en hechos ciertos y visibles. Pero no lo dijo. ¿Por qué?

Existía una razón. Yo conservaba los ojos entreabiertos y veía casi todo el estudio como una mancha gris, con la imagen borrosa de Shimoda inclinada para hablar por el micrófono. Enunciaba todos estos conceptos directamente, sin dar alternativas, ni hacer ningún esfuerzo para que sus pobres oyentes lo entendieran.

—Quienes han sobresalido, quienes han sido felices, quienes han dejado una herencia útil al mundo, han sido en su totalidad almas divinamente egoístas, que vivían pensando en su propio provecho. Sin excepción.

Luego llamó un hombre, cuando ya estaba más avanzada la noche.

—¡Egoísta! ¿Sabe, señor, quién es el anticristo?

Shimoda sonrió fugazmente y se acomodó en la silla, como si conociese personalmente a su interlocutor.

—Tal vez me lo pueda explicar usted.

—Cristo dijo que debemos vivir para nuestro prójimo. El anticristo dice que seamos egoístas, que vivamos para nosotros mismos y que dejemos que el prójimo se vaya al infierno.

—O al cielo, o a donde tenga ganas de ir.

—Es usted una persona peligrosa, ¿sabe? ¿Qué sucedería si todos le escucharan e hicieran lo que se les antojase? ¿Qué cree que ocurriría en ese caso?

—Pienso que probablemente nuestro planeta sería el más venturoso de esta región de la galaxia —contestó.

—Presiento que no me gustaría que mis hijos escucharan lo que está usted diciendo.

—¿Qué desean escuchar sus hijos?

—Si todos somos libres de hacer lo que se nos antoja, entonces yo soy libre de ir a esa emisora con mi escopeta y de volarle su estúpida cabeza.

—Desde luego que es libre de hacerlo.

La comunicación se cortó secamente. En algún lugar de la ciudad había cuanto menos un hombre indignado. Los otros, y las muchas mujeres coléricas, seguían llamando. Todos los botones del aparato estaban encendidos y titilando.

No era lógico que las cosas tomaran ese rumbo. Podría haber dicho lo mismo, con otras palabras, sin irritar a nadie.

Volvía a invadirme la misma sensación que había experimentado en Troy, cuando la multitud se desbocó y le rodeó. Era hora, evidentemente era hora, de marcharnos.

El manual no me prestó ninguna ayuda, allí en el estudio.

*P ara vivir
libre y dichosamente,
debes sacrificar el
tedio.*

N o es siempre un
 sacrificio fácil.

Jeff Sykes les había dicho a todos quiénes éramos, que nuestros aviones estaban posados en el campo de John Thomas, junto a la S-41, y que pasábamos la noche debajo del ala.

Captaba las vibraciones de ira de los interlocutores, temerosos por la moral de sus hijos y por el futuro del modo de vida norteamericano, y nada de eso me hacía feliz. Faltaba media hora para que terminara el programa y las cosas iban de mal en peor.

—¿Sabe una cosa? Creo que usted es un farsante —dijo el autor de la llamada siguiente.

—Claro que lo soy. Todos somos farsantes en este mundo, todos fingimos ser algo que no somos. No somos organismos que nos movemos de un lado a otro, no somos átomos y moléculas. Somos ideas inmortales e indestructibles de lo que Es, aunque estemos convencidos de otra cosa...

Él habría sido el primero en recordarme que yo era libre de irme, si no me gustaba lo que decía, y se habría reído de mi temor de que una turba de linchadores nos estuvieran esperando con antorchas junto a los aviones.

18

N o te dejes
abatir por las despedidas.
Son indispensables como preparación
para el
reencuentro.

Y es seguro que
los amigos se reencontrarán,
después de algunos momentos
o de todo un ciclo
vital.

Al mediodía siguiente, antes de que la gente llegara, se detuvo junto al ala de mi avión.

—¿Recuerdas lo que dijiste cuando descubriste mi problema? ¿Que nadie me escucharía, por muchos milagros que hiciera?

—No.

—¿No recuerdas en absoluto esa circunstancia?

—Sí, recuerdo la circunstancia. De pronto me pareció que estabas muy solo. No recuerdo lo que dije.

—Dijiste que depender de que a los demás les interese lo que digo equivale a depender de los demás para ser feliz. Eso es lo que vine a aprender aquí: el comunicarme o no, es indiferente. Elegí este ciclo vital íntegro para explicarle a alguien la forma en que está organizado el mundo, y lo mismo me habría valido elegirlo para no decir absolutamente nada. Lo que Es no necesita que yo me ocupe de propalar cómo funciona.

—Eso es evidente, Don. Podría habértelo dicho yo.

—Muchas gracias. Descubro la única idea que me propuse encontrar al vivir esta vida, concluyo el trabajo de toda una existencia, y me dices: «Es evidente, Don.»

Reía, pero también estaba triste, y en ese momento no pude saber por qué.

19

Tu ignorancia
es directamente proporcional
a la medida en que crees en la injusticia
y la tragedia.

Lo que la oruga interpreta
como el fin del mundo
es lo que su dueño denomina
mariposa.

Las palabras que había leído el día anterior en el Manual fueron la única advertencia que recibí. Había un grupito en espera de turno, y su avión avanzó rodando y se detuvo junto a él, azotándolo con el torbellino de la hélice. Yo observaba la escena, plácida e informal, desde el ala superior del Fleet mientras vertía gasolina en el depósito. Un segundo después se oyó un estampido como el que habría producido un neumático al estallar, y el público también hizo explosión y se dispersó. Los neumáticos del Travel Air estaban intactos y el motor traqueteaba tan perezosamente como antes, pero debajo de la carlinga del piloto había, en la tela del fuselaje, un boquete de treinta centímetros. Shimoda estaba ladeado, con la cabeza tumbada y el cuerpo tan inmóvil como la muerte súbita.

Tardé milésimas de segundo en darme cuenta de que le habían pegado un tiro a Donald Shimoda y otro tanto en dejar caer el bidón de gasolina, saltar al suelo y echar a correr. Fue como el guión de una película, de una pieza teatral interpretada por aficionados: un hombre armado con una escopeta escapaba con los demás y pasó tan cerca de mí que hubiera podido abatirlo con un sable. Ahora recuerdo que no me preocupé por él. No estaba furioso, ni conmocionado, ni horrorizado. Lo único que me importaba era llegar lo antes posible a la carlinga del Travel Air y hablar con mi amigo.

Era como si le hubiera alcanzado una granada. La mitad izquierda de su cuerpo era un montón informe de cuero y tela y de carne desgarrados, ensangrentados. Un picadillo viscoso de color escarlata.

Su cabeza descansaba sobre la palanca de la bomba de mano de gasolina, en el extremo inferior derecho del tablero de instrumentos, y pensé que si se hubiera ceñido el correaje no habría sido arrojado hacia adelante de esa manera.

—¡Don! ¿Estás bien?

¡Qué necedad!

Abrió los ojos y sonrió. Tenía el rostro humedecido por las salpicaduras de su propia sangre.

—¿Qué te parece, Richard?

Me produjo un inmenso alivio el oírle hablar. Si podía hablar, si podía pensar, se salvaría.

—Si no te conociera tan bien, diría que estás en un aprieto.

Sólo su cabeza se movió, apenas unos milímetros, y de pronto me sentí nuevamente asustado, más por su quietud que por la confusión y la sangre.

—No sabía que tenías enemigos.

—No los tengo. Ha sido... un amigo. Es mejor evitar... que un fanático lleno de odio se complique... la vida... asesinándome.

La sangre chorreaba por el asiento y por los paneles laterales de la carlinga. Habría que trabajar a fondo para limpiar el Travel Air, aunque el avión en sí no estaba muy dañado.

—¿Tenía que ocurrir, Don?

—No... —respondió con voz desfalleciente, casi sin respirar—. Pero creo... que me gusta dramatizar...

—¡Bueno, manos a la obra! ¡Cúrate solo! ¡Tendremos que volar mucho, con toda la multitud que se avecina!

Pero mientras bromeaba con él, y a pesar de todo lo que sabía y comprendía acerca de la realidad, mi amigo Donald Shimoda terminó de doblarse, recorriendo los pocos centímetros que le separaban de la palanca de la bomba de mano, y murió.

Oí un rugido, el mundo se ladeó, y resbalé por el costado del fuselaje roto hasta la hierba húmeda, roja. Me pareció que el peso del manual que llevaba metido en el bolsillo me hacía caer de lado, y cuando di contra el suelo se desprendió y el viento agitó lentamente las hojas.

Lo recogí torpemente. ¿Así termina?, pensé. ¿Todo lo que dice un maestro no es más que palabrería que no basta para salvarle del primer ataque de un perro rabioso en un campo roturado?

Tuve que leer tres veces antes de convencerme de que ésas eran las palabras estampadas sobre la página.

*Todo lo que
dice este libro
puede ser una
falacia.*

EPÍLOGO

En el otoño, volé rumbo al sur en pos del aire cálido.

Había pocos campos adecuados, pero las multitudes eran cada vez más numerosas. A la gente le seguía gustando volar en el biplano y en esos días eran muchos los que se quedaban a conversar y a tostar *marshmallows* sobre la fogata de mi campamento.

Alguna que otra vez, alguien que no había estado realmente muy enfermo decía que se sentía más aliviado después de la conversación, y al día siguiente los espectadores me miraban con expresión extraña y se acercaban más a mí, llenos de curiosidad. En más de una oportunidad levanté vuelo temprano.

No se produjeron milagros, a pesar de que el Fleet funcionaba mejor que nunca, y con menos gasolina. Había dejado de despedir aceite y no mataba insectos con la hélice ni con el parabrisas. Indudablemente era debido al aire más frío, o a que los bichitos se estaban espabilando y habían aprendido a esquivar el avión.

A partir de aquel mediodía de verano en que mataron a Shimoda, me sentí además como si un río de tiempo hubiera dejado de fluir para mí. Era un desenlace que no podía creer ni entender. Había quedado fijo, y yo lo reviví un millar de veces con la esperanza de que algo cambiara. No cambió nunca. ¿Qué era lo que debería haber aprendido aquel día?

Una noche, a fines de octubre, después de recibir un susto y eludir a una muchedumbre en Misisipí, aterricé en una reducida parcela que tenía las dimensiones justas para posar el Fleet.

Nuevamente, antes de dormirme, evoqué aquel último momento... ¿Por qué había muerto? Algo no cuadraba. Si lo que decía era cierto...

No tenía con quien hablar, como antes hablaba con él, nadie de quien aprender, nadie a quien acechar y agredir con palabras, nadie que aguzara con su roce mi mente recién esclarecida. ¿Yo mismo? Sí, pero yo no era ni remotamente tan entretenido como Shimoda, quien, para educarme, me había mantenido siempre en equilibrio inestable con su Karate espiritual.

Me dormí pensando en eso y, mientras dormía, soñé.

Estaba arrodillado sobre la hierba, de espaldas a mí, reparando el boquete que el escopetazo había abierto en el costado del Travel Air. Junto a su rodilla había un rollo de tela para aviones de primera calidad y un bote de pegamento.

Sabía que soñaba, y sabía también que era real.

—¡DON!

Se levantó lentamente y se volvió para mirarme, sonriendo al observar mi pena y mi alegría.

—Hola, amigo —dijo.

Las lágrimas me impedían ver. La muerte no existe, la muerte no existe en absoluto, y aquel hombre era mi amigo.

—¡Donald!... *¡Estás vivo!* ¿Qué tratas de hacer?

Corrí hacia él. Le rodeé con los brazos y era real. Palpé el cuero de su chaqueta de aviador, estrujé sus brazos.

—Hola —repitió—. ¿No te molesta? Lo que intento hacer es remendar este agujero.

Estaba tan contento de verle, que nada era imposible.

—¿Con pegamento y tela? —exclamé—. Con pegamento y tela tratas de reparar... No se hace así. Aquí lo tienes, perfectamente terminado... —Y mientras pronunciaba estas palabras deslicé la mano como si fuera una pantalla frente al boquete desgarrado y ensangrentado. Cuando la mano pasó de largo, el agujero había desaparecido. Sólo se veía la superficie del avión, pulida como un espejo, sin un solo remiendo desde la nariz hasta la cola.

—¡De modo que es así como lo haces! —exclamó, y sus ojos oscuros reflejaban orgullo por el alumno torpe que al fin triunfa como mecánico dental.

No me pareció raro. En sueños, ésa era la forma de hacer el trabajo.

Junto al ala ardía una fogata matutina y sobre ella se balanceaba una sartén.

—¡Estás haciendo algo, Don! Nunca te había visto cocinar. ¿Qué es?

—Pan frito —dijo con la mayor naturalidad—. Lo único que deseo hacer contigo es enseñarte a prepararlo.

Cortó dos rebanadas con su navaja de bolsillo y me pasó una. Mientras escribo esto, aún recuerdo ese sabor..., el sabor de serrín y cola de encuadernación rancia, recalentados en grasa.

—¿Qué te parece? —preguntó.

—Don...

—La Venganza de Fantomas —me dijo, sonriendo—. Lo preparé con yeso. —Volvió a depositar su parte sobre la sartén—. Para recordarte que, si alguna vez deseas instigar a alguien al estudio, debes hacerlo con tu conocimiento y no con tu pan frito. ¿Entendido?

—¡No! ¡Quien me ama, ama mi pan! ¡Es la esencia de la vida, Don!

—Muy bien. Pero te garantizo... que tu primera cena con un discípulo será la última si le sirves esta bazofia.

Reímos y luego nos quedamos callados. Yo lo miré en medio del silencio.

—Estás bien, ¿verdad, Don?

—¿Esperabas que estuviera muerto? Vamos, Richard.

—¿Y esto no es un sueño? ¿No olvidaré que te he visto ahora?

—No. Esto es un sueño. Es otro espacio-tiempo y en cualquier espacio-tiempo distinto es un sueño para un buen terráqueo cuerdo, cosa que tú serás todavía durante una temporada. Pero lo recordarás y eso cambiará tu manera de pensar y tu vida.

—¿Volveré a verte? ¿Regresarás?

—No lo creo. Quiero trascender los tiempos y los espacios... De hecho, ya los he trascendido. Pero existe este vínculo entre nosotros, entre tú y yo y los otros de nuestra familia. Si te paraliza un problema, grábatelo en la cabeza y échate a dormir y nos encontraremos aquí junto al avión y lo discutiremos, si lo deseas.

—Don.

—¿Qué?

—¿Cuál es la explicación de la escopeta? ¿Por qué sucedió? El hecho de que te volaran el corazón con una escopeta no justifica tu poder y tu gloria.

Se sentó en la hierba, junto al ala.

—Como no era un mesías famoso, Richard, no tenía que demostrarle nada a nadie. Y como tú necesitas práctica para no dejarte conmover por las apariencias y para regocijarte con ellas —agregó lentamente—, te hacían falta algunos simulacros para tu adiestramiento. Además, a mí me divirtió. Morir es como zambullirse en un lago profundo en un día caluroso. Sientes la conmoción del frío, del cambio brusco, el dolor que te produce durante un segundo, y luego la aceptación es como nadar en la realidad. Pero al cabo de muchas experiencias, incluso la conmoción desaparece. —Transcurrió un largo rato y se puso en pie—. Sólo a unas pocas personas les interesa tu mensaje, pero no te preocupes. Recuerda que la calidad del maestro no se mide por la magnitud de sus auditorios.

—Don, te prometo que lo intentaré. Pero apenas deje de interesarme este trabajo, huiré definitivamente.

Nadie tocó el Travel Air, pero la hélice giró, el motor despidió un humo azul y frío, y su potente ronquido pobló la pradera.

—Acepto la promesa, pero... —Me miró y sonrió como si no me entendiera.

—¿Aceptas pero qué? Habla. Con palabras. Dímelo. ¿Qué es lo que a tu juicio falla?

—No te gustan las muchedumbres —respondió.

—No, cuando tiran de mí. Me gusta conversar e intercambiar ideas, pero esa veneración que te tributaron a ti y la dependencia... Confío en que no me pidas... ya he escapado...

—Quizá sea sencillamente un estúpido, Richard, y no vea algo evidente que tú ves con mucha nitidez. Si es así, te agradeceré que me lo digas, ¿pero qué tiene de malo ponerlo por escrito? ¿Existe alguna regla en virtud de la cual se prohíba a un mesías escribir lo que considera cierto, lo que le ha producido placer, lo que le estimula? Así, si a la gente no le gusta lo que dice, en lugar de matarle podrá quemar sus palabras o apalear las cenizas con una vara. Y si le gusta, podrá releer su verbo, o estamparlo en la puerta de una nevera, o jugar con las ideas que entiende. ¿Hay algo de malo en escribir? Quizá sea sencillamente un estúpido.

—¿En un libro?

—¿Por qué no?

—¿Sabes cuánto *trabajo...*? Me prometí no volver a escribir otra palabra en toda mi vida.

—Vaya. Lo siento —dijo—. Ahí tienes. No lo sabía. —Subió al ala inferior del avión y luego se introdujo en la carlinga—. Bueno, volveré a verte. Ten paciencia, y todo lo demás. No permitas que las multitudes te alcancen. ¿Estás seguro de que no quieres escribirlo?

—Jamás —respondí—. Ni una palabra más.

Se encogió de hombros y se calzó los guantes de vuelo. Accionó la palanca de gases y el ruido del motor retumbó y revoloteó a mi alrededor hasta que desperté bajo el ala del Fleet con los ecos del sueño aún en mis oídos.

Me hallaba solo. El campo estaba tan silencioso como la nieve en un otoño verde sutilmente posada sobre la aurora y el mundo.

Y entonces, por pura distracción, antes de despertarme totalmente, tomé mi diario y empecé a escribir, como un mesías en un mundo de otros mesías, acerca de mi amigo:

1. Vino al mundo un Maestro, nacido en la tierra santa de Indiana,

OTROS TÍTULOS DE LA COLECCIÓN

La rueda de la vida

ELISABETH KÜBLER-ROSS

Elisabeth Kübler-Ross supo desde muy joven que su misión era aliviar el sufrimiento humano, y ese compromiso la llevó al cuidado de enfermos terminales.

Mucho fue lo que aprendió de esta experiencia: vio que los niños dejaban este mundo confiados y serenos; observó que algunos adultos partían sintiéndose liberados, mientras que otros se aferraban a la vida porque aún les quedaba una tarea que concluir. Pero todos hallaban consuelo en la expresión de sus sentimientos y en el amor incondicional de quien les prestaba oído.

A Elisabeth no le quedaron dudas: morir es tan natural como nacer y crecer, pero el materialismo de nuestra cultura ha convertido este último acto de desarrollo en algo aterrador. Elisabeth Kübler-Ross fue médico psiquiatra de gran prestigio mundial.

«Haced lo que de verdad os importa... sólo así podréis bendecir la vida cuando la muerte esté cerca.»

Lazos de amor

BRIAN WEISS

Pedro y Elizabeth no se conocían y nada indicaba que hubiera entre ellos la menor afinidad, salvo que la infelicidad de ambos los había llevado a ponerse en manos del mismo psiquiatra.

El doctor Weiss supo intuir que Pedro y Elizabeth estaban ligados indisolublemente. Fueron necesarias muchas sesiones de hipnosis y el entusiasmo de un médico capaz de transgredir el marco de la ciencia al uso para que ambos recuperasen la memoria de sus vidas pasadas y fueran capaces de descubrir los lazos que les unían. La regresión a sus vidas anteriores les permitió dejar fluir sus sentimientos y unir definitivamente sus destinos. Sus recuerdos empezaron a coincidir...

Brian Weiss es autor de grandes éxitos como *Muchas vidas, muchos maestros* y *A través del tiempo*.

Cuerpos sin edad, mentes sin tiempo

DEEPAK CHOPRA

En este long seller indiscutible, el gran maestro Deepak Chopra nos muestra que el pasado y el futuro son proyecciones mentales y que, si logramos liberarnos de ellas, podremos vivir la experiencia de un cuerpo sin edad y una mente sin tiempo. Transformaremos así nuestro cuerpo, creando las condiciones para la longevidad y preservando el equilibrio de la vida.

Este libro nos brinda, pues, las herramientas para modificar nuestra percepción sobre la edad y conservar la vitalidad, la belleza y la creatividad.

megustaleer

Descubre tu próxima lectura

Apúntate y recibirás recomendaciones de lecturas personalizadas.

www.megustaleer.club

 megustaleerES   @megustaleer @megustaleer